AF434089

CBHW071208130726
47998CB00002B/660

تاريخ الحركة الأسيرة

إعداد الدكتور الأسير المحرر

جمال خالد إبراهيم أبو محسن

الجامعة العربية الأمريكية

فلسطين

2024

الـكــــتــــــاب: تـاريــخ الـحـركـة الأسـيـرة
المـؤلــــــف: جمال خالد إبراهيم أبو محسن
نـوع العمـــل: بـحـــث عـلـمـي
تـنـسيق وإخـراج: سمــــر حمـدان
رقـم الإيــداع: 29830 / 2024م
تـرقيـم دولـي: 9- 23- 8751- 977- 978

طريق العُلا للطباعة والنشر والتوزيع

tryqalola@gmail.com
ت / 01026326295

عن المؤلف

الأسير والدكتور المحرر جمال أبو محسن
مواليد عام ١٩٧١
من سكان مدينة طوباس
انهي الثانوية العامة عام 1989-1990
التحـــق للحيـــاة الجامعيـــة فـــي جامعـــة الخليـــل، تخصـص تاريخ وأثار.

فـــي عـــام ١٩٩١ اعتقل خـــلال دراســـته بالجامعـــة بتهمـــة الانتمــاء لحركـــة فتـح وجناحهـا العسـكري، حُكِـــم بالسـجن المؤبد وعشرين عاما
مكث بالسجن 23 عاما

خلال مكوثه بالسجن توفيت والدته ووالده وهدم منزله وتمكـــن مـــن الالتحـــاق بالجامعـــة العبريـــة المفتوحـــة، بعـــد أن أتقن اللغة الإنجليزية والعبرية
أنهـــى البكـــالوريوس تخصـص بـــالعلوم السياسـية، ثـم التحـــق بجامعـــة القـدس أبـو ديـس داخـل سـجنه، لينهـي الماجستير بتخصص دراسات إقليمية.

أفــرج عنـه عـام 2014 ضــمن صـفقة فجـر الحريـة ضـمن الدفعــة الثالثــة برعايــة الـرئيس أبـو مــازن التـي كانـت برعاية أمريكية واتفاق ثلاثي

بعد تحرره عين محاضرا بالجامعة الأمريكية

والتحـــق ببرنـــامج الـدكتوراة ليكتـب رسـالته عـن الصـمود النفسـي للأسـرى وفـــاء للأسـرى الفلســطينيين وتقـديرا للأسرى وتضحياتهم..

الإهداء

أهدي جهدي هذا إلى الذين ما زالوا يرسمون خطوط الوطن في زنازين الاحتلال .... إلى القابعين الصابرين الصامدين في زنازينهم رغم قسوة وظلم السجان... أسرانا البواسل

إلى أولئك الذين أفنوا زهرة شبابهم خلف قلاع الأسر وكانوا خير الإخوة والصحبة... أسرانا المحررين..

إلى من عز اللقاء بهم وكان انتظارهم لي في تحقيق حلمي... إلى من جابوا السجون شمالا وشرقا... إلى روح والدي رحمهما الله وأسكنهما فسيح جناته...

إلى الشمعة التي انطفأت ابنتي مريم...

إلى من كان لي عونا وسندا ومشجعا لهذا العمل زوجتي وأبنائي إياد وأيلول

إلى من وقف بجانبي في كل المحطات وكان خير الأخ .. أخي وليد.

إلى من هن بمقام الأم رحمهن الله أخواتي أهدي هذا العمل .

إلى أصدقائي وزملائي وطلابي أهدي هذه العمل

لأرواح شـــهدائنا وخاصة شـــهداء الحركـــة الأســيرة...
إلى جرحانا.. إلى شعبنا العظيم.

الشكر والتقدير

الحمـــد لله حمـــداً كثيـــراً... الحمـــد لله الـــذي أعانني علـــى إتمام هـــذا العمـــل، فالشـــكر لله أولا وأخيـــراً ولا يسـعني إلا أن أتقـــدم بكـــل عبـــارات الشـــكر والعرفـــان لكل الـــذين ساندوني فـــي إتمـــام هذا العمـــل بدءاً مـــن جامعتي الجامعـــة العربيـــة الأمريكيـــة، مـــن رأس هـــرم الجامعـــة للطـــواقم الإدارية والأكاديمية وزملائي وطلبتي في الجامعة.
كمـــا أتقـــدم بالشـــكر أيضـــاً إلـــى مؤسسـات رعايـة الأسـرى وخاصـــة هيئـــة شـــؤون الأســرى ونادي الأسير الفلسـطيني على كل المعلومات التي قدموها لي لإتمام هذا العمل.
والشـــكر موصـــول لكـــل الـــذين ســـاندوني ووقفـــوا لجانبي في هذا العمل.
كمـــا أتقـــدم بالشـــكر الـــى استاذ اللغـــة العربيـة عمـاد محاسنة الذي قام بتنقيح الكتاب لغوياً.

تقديم
بقلم الدكتور عيسى قراقع

تعتبــر قضيـة الأسـرى هـي القضيـة الأولــى والمركزيــة التـي تشـغل اهتمــام المجتمــع الفلسطيني بكافــة أطيافـه سـواء مــن القيــادة السياسيـة أو الفصائـل الوطنيــة والإســلامية أو مؤسسـات المجتمـع المـدني وأفـراد المجتمـع، وقـد أعتقـل أكثـر مـن مليـون فلسطيني فـي سـجون الاحـتلال منـذ بدايـة الثـورة الفلسطينية وحتـى يومنـا هـذا، ولـم تتوقـف عمليـات الاعتقـال بحـق أبنـاء الشـعب الفلسطيني بغـض النظـر عـن كـونهم أطفـال أو شـيوخ أو نسـاء أو نـواب فـي البرلمـان الفلسطيني أو مـن القيـادة السياسية للشـعب الفلسطيني، حيـث أسـتهدف الكـل الفلسطيني مـن قبـل الاحـتلال الإسـرائيلي حتـى لا تكـاد أي أسـرة فلسـطينية تعـرض أحـد أفرادهـا للاعتقـال أو التوقيف.

يـأتي هـذا الكتاب لتلخيص واقع وتاريخ الحركة الأسيرة في السجون الإسرائيلية وتاريخها كون مؤلف هذا الكتاب قد أمضى أكثر من 23 عاماً في الاعتقال، معايشاً كل الظروف التي يتعرض لها الأسرى الفلسطينيون في السجون الإسرائيلية من اعتقال وتعذيب ومعايشة ووسائل التعذيب التي استخدمها الاحتلال الإسرائيلي بحق الأسرى الفلسطينيين كافة، وعن تجربة الحياة الاعتقالية للأسرى الفلسطينية وكيفية تنظيم هذه الحياة للتغلب على صلف السجان.

وقد اشتمل هذا الكتاب على ستة فصول لخص فيها المؤلف تاريخ الحركة الأسيرة في سجون الاحتلال، حيث احتوى الفصل الأول على نشأة الحركة الأسيرة، وفي الفصل الثاني تناول الكتاب السجون الإسرائيلية والمعتقلات وغرف العار، أما الفصل الثالث تناول الإضرابات ومعارك الأمعاء الخاوية، وكذلك الفصل الرابع تحدث عن عمليات التبادل بين المقاومة وإسرائيل، وفي الفصل الخامس الأسرى الفلسطينيين في اتفاقيات السلام وفي الفصل الأخير الفصل السادس تحدث عن القوانين الدولية بحق الأسرى.

المقدمة

تـــم إنجـــاز هـــذا الكتـــاب وفـاءا للأسرى وتضـحياتهم ومعانـــاتهم ووفـــاءا للأسرى ولعائلاتهم ولشهداء الحركـة الأسيرة، حيـث قمـت بكتابـة هـذا الكتـاب مـن وحـي المعانـاه وتجربــة وللتركيــز علــى معانـاة الاسرى فـي ظـل الهجمـة الشرسة التي تطالهم.

إن هـذا الكتـاب هـو ملخـص لمعانـاه استمرت 23 عـام لـي داخـل السجون، حيـث أكتسبت الكثيـر مـن المعلومـات التـي قـررت أن يـتم تجميعهـا فـي كتـاب اكاديمي، وربمـا يكـون كتابـاً نافعـاً للأجيـال القادمـة وللترسـيخ تـاريخ الحركـة الاسيرة وتثبيته خشية من الاندثار والنسيان.

الفصل الأول

- الباب الأول: نشأة الحركة الأسيرة

- الباب الثاني: مراحل تطور الحركة الوطنية الأسيرة

- الباب الثالث: الاعتقالات

الباب الأول
نشأة الحركة الأسيرة

<u>الأسرى والمعتقلون الفلسطينيون منذ عهد الانتداب البريطاني (1922) حتى الاحتلال الإسرائيلي عام (1948):</u>

عانى الشعب الفلسطيني من السجون والمعتقلات في عهد سلطات الانتداب البريطاني، حيث زج بالمئات في السجون البريطانية وفق أحكام وقوانين الطوارئ الجائرة التي شنتها سلطات الانتداب وأورثتها فيما بعد للاحتلال الإسرائيلي.

وما زالت العديد من هذه السجون والقرارات العسكرية سبب معاناة الآلاف من الفلسطينيين الذين عانوا من ويلات الاعتقال والأسر حيث لم تدخر سلطات الاحتلال البريطاني جهداً في اعتقال الفلسطينيين الذين

10

دافعوا عن فلسطين في وجه المشروع الاستعماري الصهيوني، بل يمكن ملاحظة أنه بعد كل ثورة أو هبة تقوم بريطانيا باعتقال العشرات والمئات من أبناء الشعب الفلسطيني، حيث اعتقلت عام 1920م عقب هبة يافا المئات من الشباب الفلسطيني وقامت بالحكم على عدد منهم بالإعدام ونفذته بعدد منهم، وحتى عام 1930م كان يتراوح من يتم إعدامهم ما بين 2-3 أسرى.

فيما كانت السلطات البريطانية تكيل بمكيالين ويؤكد ذلك ممارستها القمعية وحملات الاعتقال التي تطال المئات من أبناء الشعب الفلسطيني والعرب والأحكام الصورية التي تصدر بحقهم فيما حظي اليهود بالدعم والتأييد، وكان خير شاهد على تحيز بريطانيا هو دورها في المشروع الصهيوني (الكولونيالي) ومساندته في فلسطين، وفي أعقاب ثورة البراق عام 1929م وبسبب تصدي الفلسطينيين لليهود بعد محاولة السيطرة من قبلهم على حائط البراق الذي كان يمنع عليهم التواجد عنده بقرار وصل إلى هيئة الأوقاف الإسلامية من سلطات الانتداب، ورغم ذلك اقتصرت ردة الفعل على الفلسطينيين وأصدرت على الجزء الأكبر منهم بالأحكام المؤبدة وعلى سبعة وعشرين بالإعدام حيث تنفيذ بثلاثة منهم عام 1930م والشهداء هم: فؤاد حجازي، وعطا الزير، ومحمد جمجوم، وعرف فيما بعد بالثلاثاء الحمراء.

<u>الحركـــة الوطنيـــة الفلســطينية الأسـيرة منـذ عـام(1967م) وحتى العام (2022م):</u>

بعـد أن احتلـت الأراضـي الفلسـطينية فـي حزيـران عـام 1967 م، وبهـدف تطويـع الشـعب الفلسطيني ومناضـليه شـنت سـلطات الاحـتلال الإسـرائيلي بـأوامر عسـكرية جائرة مـن خـلال أجهزتهـا الأمنيـة حربـاً ضروسـاً التـي كـان ضحيتها مـا يقـارب المليـون حالـة أسـر و اعتقـال حتـى يومنـا هذا مـن بينهـا اعتقـال عشـرات الآلاف مـن النسـاء و الأطفـال هادفـة لإخضـاع أبنـاء الشـعب الفلسـطيني، وتحطـيم معنويـات الأسـرى، وكـبح مشـاعرهم الوطنيـة، وتفريقهم من محتواهم النضالي فيما بعد.

وقـد بـدأ نشـاط عناصـر المقاومـة فـي التعـاظم و ازداد النشـاط الكفـاحي فـي الأراضـي الفلسطينية المحتلة أعقاب حـرب عـام (1967م) وعلـى وجـه التحديـد (قـوات العاصفة) الجنـاح العسـكري لحركـة التحريـر الـوطني الفلسـطيني، (فـتح) التـي انطلقـت عـام (1965م) وسجل اسـم أحـد فـدائييها، محمـود بكـر حجـازي كـأول أسـير للثـورة الفلسـطينية و أخـذت حركـة فـتح تقـود حالـة منظمـة مـن العمـل الفـدائي، وباتـت تشـكل حاضـنة شـعبية وجماهيريـة. ومـن بدايـة الاحـتلال رفضت إسـرائيل التعامـل مـع الأسـرى الفلسـطينيين علـى أنهـم أسـرى حـرب كمـا فعلـت مـع المعتقلـين مـن الجيـوش العربيـة بـل أسـمتهم مخـربين وسـجناء وبشـكل خـاص وحاولـت تعزيـز مصطلح سـجين، وإلغـاء مصطلح أسـير التـي تبناهـا الشـعب الفلسطيني كمفهوم.

وقـد سـببت حالـة عـدم وجـود السـجون والمعـتقلات التـي تتسـع لهـذا الكـم البشـري مـن المقاومين. وعـدم القـدرة علـى التمييـز بـين رجـال المقاومـة وعامـة الشـعب تسـجيل أبشـع صـور الاحـتلال وإجراءاتـه التعسـفية بحـق الأسـرى والمعتقلـين وبشـكل غيـر إنسـاني، يتنـافى مـع كـل المواثيـق والمعاهـدات الدوليـة وخصوصـاً اتفاقيـة جنيـف الثالثـة والرابعـة، وقـرارات الأمـم المتحـدة التـي أيـدت حـق تقريـر المصيـر وحـق كـل شـعب فـي العمـل علـى تحريـر أرضـه المحتلـة، وتضـمنت وفـق هـذا الفهـم نصوصـاً تؤكـد علـى حمايـة أسـرى الحـرب والمدنيـين أثنـاء الحـروب. ومـن أبـرز السياسـات التعسـفية المنافيـة لكـل المواثيـق الدوليـة التـي مارسـتها سـلطات الاحـتلال وحكوماتهـا المتعاقبـة بحق الأسرى:

1. سياسة التعذيب الشديد والشبح القاسي، المحرم دولياً.
2. سياسة القتل أثناء التوقيف في فترة التحقيق والاعتقال.
3. سياسة الإبعاد والتهجير.
4. سياسـة هـدم البيـوت وإغلاقهـا، وتشـميعها، والعقـاب الجماعي للأسرة الفلسطينية.
5. سياسـة مـا يسـمى المنـع الأمنـي: وهـو منـع الأهالـي مـن الزيـارة جماعيـة أو فرديـة، وربطـت منـع الزيـارة الجماعيـة بأحـداث داخـل السـجون أو خارجهـا، وفـي حـالات المنـع الفـردي غالبـاً مـا يـتم إبـلاغ والـدة الأسـير عدم وجود صلة قرابة، وكذلك منع زيارة المحامي.

6. سياسة حجز البطاقة الشخصية ذات اللون البرتقالي، واستبدالها ببطاقة خضراء خصوصا في انتفاضة 1987م.

7. سياسة الإقامة الجبرية والاعتقال الإداري.

8. سياسة الإهمال الطبي.

الباب الثاني

أولا: مراحل تطور الحركة الوطنية الأسيرة

<u>ظروف الاعتقال الاولى</u>

عاش الاسرى في مراحل الاعتقال الاولى ظروفا قاسية وصعبة كانت لا تصلح للحياة الأدمية ولا تنسجم مع شروط الحياة الانسانية ولا تنسجم مع الاتفاقيات والمواثيق الدولية.

عاش الاسرى ظروفا قاسية جدا، حيث منع الاسرى من زيارات الاهالي وانقطاع عن العالم الخارجي وتم منعهم من التعليم والجلسات الثقافية وأمتلاك الكتب والراديو والتلفاز، ومنع الاسرى من قرأءة الصحف

وامـتلاك الاوراق والاقـلام ومنع الاسرى مـن الجلـوس سـويا أو التحـدث مـع بعضـهم خـلال فتـرة الفـورة. كمـا عـان الاسـرى مـن الامـراض الجلديـة نتيجـة إنتشـار الحشـرات، وتـم اجبـارهم بنظـام السـخرة، حيـث أجبـر الاسـرى علـى العمـل فـي مرافـق تخـدم الاحـتلال بهـدف الاسـتغلال والاذلال، سـاهم فـي كـل ذلـك عـدم وجـود روابـط تنظيميـة أو انتمـاء فصـائلي وكانـت العلاقـة مبنيـة علـى اسـاس بلـدي أو عشـائري أو شخصـي أو الانتمـاء للمجموعـة، وساهم أيضا في ذلك الكادر التنظيمي المثق والواعي.

إن تطـور تجربـة الحركـة الأسيرة النضاليـة لـم يعبـر بطريـق مستقيم، بـل مـر بمراحـل مـن التقـدم والتراجـع، والتصـاعد والهبـوط، وقـد نجـح الأسـرى فـي تسجيل نقـلات نوعيـة بـين فتـرة وأخـرى فـي مسيرة صعبة وشاقة، خـاض خلالهـا الأسـرى سلسـلة مـن النضـالات الجزئيـة والشاملة، فكان الثمن سقوط الشهداء والجرحى.

<u>يمكن تقسيم المراحل إلى:</u>

<u>المرحلـة الأولـى: مرحلـة المخـاض مـا بـين 1967م – 1972م.</u>

وبـدأت هـذه المرحلـة مـع بدايـة الاحـتلال واستمرت حتى أوائـل السبعينيات، وشـهدت هـذه المرحلـة أحداثاً صعبة أبقـت علـى تـدني مسـتوى نشـاطات الحركـة الأسيرة التنظيميـة والثقافيـة والاجتماعيـة وقـد تميـزت بشـدة القمـع والإرهاب الممارس من إدارة مصلحة السجون.

وتـأثرت الحركـة الأسيرة سـلباً بهزيمة حزيـران (1967م)، وكانـت الظـروف آنـذاك الصالح سـلطات

15

الاحتلال مما انعكس سلباً على الأسرى في ظل عدم وجود هياكل ومؤسسات اعتقالية وتنظيمية في السجون، ولم يمنح الأسرى أي حقوق إنسانية والتواصل مع الأهالي ولم يسمح لهم من امتلاك أدوات القرطاسية وأجهزة التواصل والعمل بنظام السخرة وسوء الطعام كماً ونوعاً وعدم وجود حالة تنظيمية وتدني مستوى العمل التنظيمي وقلة التجربة والوعي واعتماد العقلية العشائرية لحل الخلافات. (قاسم وآخرون، التجربة الاعتقالية ص76).

ولعل أهم مميزاتها:

1. تدني مستوى نشاط الحركة الاسيرة، تنظيميا، وثقافيا، واجتماعيا.

2. شدة القمع والارهاب الممارس من ادارة المعتقلات.

3. تدني المستوى التنظيمي وقلة الوعي والتجربة الاعتقالية.

4. إعتماد العقلية العشائرية في حل الخلافات بين الاسرى.

5. اجبار الاسير على العمل بنظام السخرة.

<u>المرحلة الثانية: مرحلة البناء ما بين 1973م - 1980م</u>

في هذه المرحلة استطاع الأسرى رغم كل المعاناة فرض حياة اعتقالية منظمة، ولأول مرة يتم فرض هيكل تنظيمي، والدعوة للالتزام وإلزام الأسرى بنظام موحد، ووضع قوانين اعتقالية وبرامج ثقافية، وعاش الأسرى منذ العام 1973م حتى العام 1980م مرحلة البناء على كل المستويات التنظيمية والاعتقالية والثقافية، وخاض

الأسـرى فـي هـذه المرحلـة إضـراباً اسـتراتيجياً مفتوحـاً عـن الطعـام فـي العـام (1976م) فـي سـجن عسـقلان والـذي اسـتمر (45) يومـاً ليعلن عـن بدايـة مرحلـة جديـدة فـي مسـار حركـة أسـرى الثـورة الفلسـطينية، وفـي مسـار تعامـل سـلطات سـجون الاحـتلال بعـد الفشـل الـذريع الـذي منيـت بـه تلـك السياسـات والقفـزة النوعيـة التـي طـرأت علـى نضـج الثـائر الفلسطيني. (الرجـوب، زنزانـة رقـم 704 ص 16)

أهم مميزاتها:

1. بنـاء الاسـرى حالـة تنظيميـة وقـرار جمـاعي ولجـان اعتقالية.

2. بدء الاسرى حالة النضال والتمرد والاستنهاض.

3. وضع اللوائح الداخلية والانتماء التنظيمي.

4. الالتـزام بالحيـاة التنظيميـة وبـروز روح المجمـوع الاعتقالي.

<u>المرحلـة الثالثـة: مرحلـة تحقيـق الحقـوق وحمايتهـا مـن العـام (1981م - 1984م)</u>

حيـث أسسـت الحركـة الوطنيـة الفلسـطينية فـي هـذه المرحلـة لواقـع اعتقـالي قـوي، وتعمـدت تلـك المرحلـة بكثيـر مـن التضـحيات التـي تراكمـت علـى مـا قبلهـا مـن الخطـوات النضـالية، فـي أعقـاب إضـراب (1980) الـذي خاضـه الأسـرى فـي سـجن نفحـة لمـدة (33) يومـاً متتاليـاً والـذي انتهـى باستشـهاد أربعـة أسـرى، حيـث كـان هـذا

الإضراب علامة مضيئة في الظلام العميق الذي يغديه العدو دائماً بالمزيد من ممارسات القمع.

ثم تلاه إضراب جنيد عام (1984)، واستطاع الأسرى أن يحققوا إدخال أجهزة التلفاز والمذياع، وتركيب أسرة النوم وإدخال المزيد من الكتب، وتحسين الطعام، والرعاية الصحية، وزيادة وقت الزيارة لتصل (45) دقيقة واستلام المطبخ وإدخال احتياجات الأسرى من ملابس وأغطية، والتمكن من الزيارات بين الأسرى. (مركز أبو جهاد، موسوعة التجارب ص 124)

أهم مميزاتها:

1. الوحدة والتماسك الاعتقالي.

2. التعبئة النضالية للاسرى.

3. الالتفاف حول قيادة وطنية موحدة للاسرى.

4. تحقيق العديد من الانجازات للحركة الاسيرة، كالتعليم الجامعي وغيرها.

<u>المرحلة الرابعة: مرحلة النضال الشامل وذروة تحقيق الإنجازات ما بين 1985م - 1994م</u>

حاولت إدارة مصلحة السجون الإسرائيلية في أعقاب عملية التبادل في العام (1985م) أن تنال من الحركة الوطنية الأسيرة بسبب تحرير عدد كبير من قيادات السجون والكوادر الاعتقالية والالتفاف على ما حققه الأسرى من إنجازات مهمة جداً كنتيجة لإضرابي نفحة (1980م)، وإضراب جنيد في العام (1984م)، فبدأت بحملة من القمع وفرض الإجراءات الخانقة والمذلة

لتصبح الحركة الأسيرة في موقف الدفاع عن منجزاتها التي حققتها بالتضحيات الغالية حيث خاض الأسرى سلسلة من الإضرابات الجزئية والشاملة في إطار التصدي لهجمة إدارة مصلحة السجون الإسرائيلية على حقوقهم، وفي (1987) خاص الأسرى إضراب سجن جنيد الذي استمر (20) يوماً لمناهضة تلك السياسات التي استهدفت البني التحتية للسجون. (مركز أبو جهاد، موسوعة التجارب ص 124)

وفي نهاية العام (1987) مع بدء الانتفاضة استطاع الأسرى التفاعل مع مستجدات الانتفاضة الفلسطينية، واستثمار إمكانيات الأسرى الجدد بروحهم النضالية، وتدويل القضية الفلسطينية، وتعاطف العالم مع الشعب الفلسطيني، في تلك المرحلة في العام 1992م نظم الأسرى في كل السجون إضراباً لربما الأنجح على مدار الحركة الأسيرة، وحققوا الكثير من الإنجازات على المستوى الاعتقالي.

حيث حقق الأسرى الإنجازات التالية:

- التعليم في الجامعة العبرية.
- تمديد فترة الزيارة إلى 45 دقيقة.
- الحصول على التصوير الشخصي كل ستة شهور.
- الحصول على المراوح والأدوات الكهربائية.
- تحسين الطعام كماً ونوعاً.
- وقف سياسة الإذلال والاعتداء على الأسرى.

- إخــراج الحلويـــات إلــى الأهـــالي وإدخــال الملابـــس والـدخان عن طريق الأهالي.

قـدمت الحركـة الأسيرة فـي هـذا الإضـراب شهيداً نتيجـة الإضراب وهو الشهيد (حسين عبيات)

<u>المرحلــة الخامســة: مرحلــة النضــال السياسـي مـا بـين (1994م - 2000 م)</u>

منـذ التوقيـع علــى اتفاقيـات أوسـلو (13 سبتمبر/ أيلـول 1993) حـدث تحـول نفسـي عنـد الأسـرى الفلسـطينيين فـي السـجون الإسرائيلية حيـث ارتفعـت مسـتويات التوقـع لـديهم، والمتعلقـة بإنهـاء معانـاتهم والإفـراج عـنهم فـي أعقـاب اتفاقيـة أوسـلو، حيـث رأوا أن حصيلة أي تسـوية سياسية بـين طرفي النـزاع لا بـد وأن تشـمل إطلاق سراح الأسـرى، ومـن هنـا فـإن تفاعـل الأسـرى مـع الاتفاقيـات الموقعة كـان كبيـراً ومشـبعاً بالآمـال، وقـد يكـون هـذا التفاعـل هـو أحـد أبـرز التحـولات الداخليـة علـى صعيد مجتمـع الاعتقـال وعلـى كافـة المسـتويات تنظيميـاً وسـلوكياً وثقافيـاً. (حمـدوني، الجوانـب الابداعيـة ص 53)

الأمـر الـذي شـهد حالـة مـن التـرهـل علـى المسـتوى التنظيمي مـع الإفراجـات المسـتمرة والطمـوح بالحريـة، وتأثرت السـاحة الاعتقالية سـلباً بـلا شـك فـي هذه المرحلـة حيـث تراجعـت الاهتمامـات علـى المسـتوى النضالـي والاعتقـالي ثـم مـا لبثـت أن شـهدت هذه المرحلة ثلاثـة إضـرابات سياسية الأول فـي (1994/6/21م)، وجـاء علـى

خلفية توقيع القاهرة، وكان إضراباً قصيراً استمر ثلاثة أيام، والثاني في (18/6/1995)م) تحت شعار إطلاق سراح الأسرى والأسيرات جميعهم دون استثناء واستمر(18 يوماً)، فيما أعلن الأسرى إضرابهم الثالث في 1998/2/5م، واستمر لمدة عشرة أيام.

أهم مميزاتها:

1. تراجع الحركة الاسيرة بسبب انشغال الاسرى بالافراجات.

2. تراجع اهتمامات الاسرى على المستوى النضالي والاعتقالي.

<u>المرحلة السادسة: مرحلة النضال والاستيعاب ومحاولات الاستنهاض ما بين (2001م - 2006م)</u>

بدأ الأسرى من جديد بالتدفق إلى السجون في أعقاب انتفاضة الأقصى في العام (2000م)، وفي أعقاب الاجتياح الكبير للضفة الغربية في التاسع والعشرين من آذار (2002م)، ليرتفع عدد الأسرى وفق تقرير لوزارة الأسرى (2008م) إلى أكثر من (11550) أسيراً، ما استوجب إعادة افتتاح سجون كانت مغلقة، وتجهيز أقسام كانت مخصصة للأسرى الجنائيين.

كما جرى إنشاء أقسام جديدة داخل السجون والمعتقلات، ومع ازدياد العدد الضخم من الأسرى في السجون، عاش المعتقلون ظروفاً قاسية، حيث أنشأت سلطات الاحتلال الفرق الخاصة للتعامل مع الأسرى كوحدة المتسادا ونحشون والدوفدفان لقمع الأسرى،

وكــان أحــد عنــاوين هــذه الهجمــة مــن أجهــزة الأمــن الإســرائيلية مصــادرة الكثيــر مــن الحقــوق. (أبــو الســعود، ومضات ص77)

أهم مميزاتها:

1. تــدفق الالاف الاســرى الــى داخــل الســجون بســبب انـدلاع انتفاضة الاقصى.

2. عــاش الاســرى ظــروف قاســية تمثلــت بالتفتيشـات والاقتحامات الليلية لغرف الاسرى.

<u>المرحلــة الســابعة: مرحلــة الانقســام السياســي والنضـال الجماعي والفردي ما بين (2007م - 2019م).</u>

لقــد انعكــس الانقســام الفلســطيني بشــكل كبيــر علــى واقـع الحركــة الوطنيــة الفلســطينية الأســيرة فــي الســجون الإســرائيلية، واســتغلت إدارة الســجون هــذا الحــدث، وقامــت بتقســيم الأســرى وفــق انتمــاءاتهم السياســية، وأضــعفت وحــدتهم الاعتقاليــة، ونالــت مــن حقــوقهم الأساســية والإنسانية، الأمــر الــذي دفــع الأسـرى لإطـلاق مبـادراتهم التي عرفــت باسـم وثيقــة الأسـرى والتــي سـميت بوثيقــة الوفــاق الــوطني فــي (2007/6/27م) كوثيقــة نهائيـة بعد إجراء بعض التعديلات عليها من القوى الفلسطينية.

واعتقــل عــدد كبيــر مــن الأسـرى وخاصـة مـن شـريحة الأطفــال مــع انتفاضــة القــدس فــي العــام (2015م)، وقامـت إدارة مصلــحة الســجون الإســرائيلية فــي ظـل حكومـة إســرائيلية متطرفــة بهجمــة كبيــرة علــى الأســرى فــي كـل الســجون، ممــا اسـتوجب القيـام بجهـد كبيـر فـي عمليـة

استيعاب الأسرى الجدد، وتعبئتهم وتأمين احتياجاتهم، وحماية حقوقهم أمام إدارة مصلحة السجون. (أبو شريعة، مرجع سابق 148)

وتميزت هذه المرحلة بالتالي:

- ضعف الوحدة الداخلية للأسرى.
- ضعف الخطوات النضالية التكتيكية والإستراتيجية.
- انفصال الأسرى بالسجون حسب توجهاتهم السياسية.

المرحلة الثامنة: مرحلة سحب الإنجازات وسياسية بن غفير.

عاش الأسرى ظروف قاسية جداً بعد تعيين الوزير بن غفير وزيراً للأمن الداخلي والمسؤول عن مصلحة السجون، حيث اتخذ مجموعة من الخطوات للتضييق على الأسرى وسحب إنجازاتهم، حيث نفذ الخطوات والإجراءات العقابية بحق الأسرى وهي: (هيئة شؤون الاسرى، 2014)

- تقديم مقترح للكنيست الإسرائيلي والحكومة الإسرائيلية بسن قانون الإعدام.
- تقنين المياه والكهرباء على الأسرى.
- منع الأسرى من زيارة أهاليهم.
- مصادرة جميع مقتنيات الأسرى من ملابس وأجهزة التلفاز والراديو والصحف.
- منع إدخال مواد الكنتينه إلى الأسرى.

ثانيا: وثيقة الأسرى للمصالحة

لعبت الحركة الأسيرة دوراً وطنياً نضالياً في محاولة إنهاء أخطر حالة مرت بها المقاومة الفلسطينية، عقب

الأحداث التي حدثت في قطاع غزة بين حركتي فتح وحماس، وقد بذل الأسرى جهداً كبيراً في الحوار للوصول إلى صيغة علها تكون حلاً ومخرجاً لأزمة الانقسام الفلسطيني.

وقد تزعم هذا الحوار ممثلو التنظيمات داخل السجون، حيث تصادف وجود عدد من قيادات الحركة الاسيرة في سجن هداريم حيث بادر الاسير القائد مروان البرغوثي بطرح صياغة وثيقة وطنية للخروج من أزمة الصراع السياسي بين حركتي فتح وحماس وقد تجاوبت كافة التنظيمات مع تلك المبادرة وبادر الاسرى الى الاجتماع يوميا للوصول الى وثيقة وطنية للخروج من حالة الانقسام والخلاف .

وقد صاغ الاسرى وثيقة سميت وثيقه الاسرى وبالخارج تم تبنيها من أغلب الفصائل مع اجراء بعد التعديلات عليها وسميت وسميت وثيقة الوفاق الوطني، وأعتبرت تلك أول وثيقة سياسية يتم صياغتها من قبل الحركة الاسيرة. (منشورات جامعة القدس المفتوحة، الحركة الاسيرة ص22).

أما قيادات الأسرى الذين شاركوا في صياغة مقترح وثيقة المصالحة هم:

- الأسير مروان البرغوثي ممثلاً عن حركة فتح.
- الأسير عبد الخالق النتشة ممثلاً عن حركة حماس.
- الأسير بسام السعدي ممثلاً عن حركة الجهاد الإسلامي.
- الأسير عبد الرحيم ملوح ممثلاً عن الجبهة الشعبية لتحرير فلسطين.

- الأسير مصطفى بدارنة ممثلاً عن الجبهة الديمقراطية لتحرير فلسطين.

  وقد مثلت الوثيقة التي اتفق عليها ممثلو فصائل المقاومة الأسرى حداً مقبولاً للوحدة الوطنية، ومثلت مشروعاً وحدوياً مقترحاً، ومن خلال مطالعة الوثيقة فإنه يلاحظ أنها تضمنت بنوداً ومواضيع جوهرية أهمها (حمدونة، وثيقة الأسرى).

- حددت هدف الشعب الفلسطيني وهو تحقيق حريته، وحق العودة، والاستقلال وقيام الدولة الفلسطينية وعاصمتها القدس، وتحرير الأسرى.

- تفعيل منظمة التحرير الفلسطينية، وانضمام حركتي حماس والجهاد الإسلامي إليها.

- توحيد الخطاب السياسي الفلسطيني فيما يتعلق بوسائل المقاومة والعمل السياسي.

- نادت الوثيقة بحكومة وحدة وطنية تعمل على حث الدول العربية على دعم الشعب الفلسطيني بمجالات عدة، وأن السلطة الفلسطينية ملتزمة بالإجماع العربي مع رفض التدخل في الشئون الفلسطينية الداخلية.

- أكدت الوثيقة على حرمة الدم الفلسطيني، ونبذ مظاهر الانقسام، وتطوير المؤسسة الأمنية الفلسطينية للقيام بواجبها بالدفاع عن الوطن والمواطن.

  لقد ظلت وثيقة الأسرى تمثل وجهاً نضالياً للأسرى الفلسطينيين داخل السجون الإسرائيلية، وأن الوصول إلى هذا الحد من الإجماع مثل مستوى لم تصل إليه الفصائل الفلسطينية طوال فترة الانقسام، وأنها كانت

مقبولـــة ذاتيــاً للبـدء بحـوار أوسـع يصـل إلـى تفاصـيل مـا ورد فـي الوثيقـة، وقـد ظلـت الوثيقـة بمثابـة بدايـة مقبولـة فـي خطـاب كـل فصـيل عنـد أي جلسـة حـوار مـن حـوارات وجلسات إنهاء.

الباب الثالث
الاعتقالات

<u>أنواع الاعتقالات:</u>

صنف الاحتلال الإسرائيلي الاعتقال إلى أنواع عدة هي:

1. الاسرى الذين تم صدور حكم ضدهم: وهو الأسير الذي أنهى فترة التحقيق وتم تقديم لائحة اتهام بحقه وحوكم عليها ويمضي فترة محكومتيه ربما تتراوح من عام إلى مدى الحياة.

2. الاعتقال الإداري: وهو أحد القوانين الجائرة التي مارستها إسرائيل من سلطة الانتداب البريطاني، حيث يعتبر اعتقال بدون تهمة أو محاكمة ويعتمد على ملف سري وأدلة سرية ولا يمكن للمعتقل أو المحامي الاطلاع عليه، وأصدرت إسرائيل منذ عام(1967م) ما يقارب 50000 ألف أمر اعتقال إداري، ويتواجد حاليا ما يقارب (3500) معتقل إداري ويمكن تمديد الاعتقال الإداري لسنوات عدة.

3. الاعتقال الاحترازي: وهو اعتقال الشخص كإجراء وقائي قبل مناسبة أو حدث معين بتوقيع من القائد العسكري، كيوم الأرض، أو انطلاقة الثورة ويمتد ما بين سبعة إلى عشرة أيام.

4. الإقامة الجبرية: وهو حجز الشخص في بيته أو منطقته ويتم تقييد حريته وحركته وخاصة الأسرى المفرج عنهم ويمنع تنقلهم من مكان لأخر، ويفرض عليه أحياناً التوقيع شهرياً أو يومياً في مراكز المخابرات التابع لها الشخص.

5. المقاتـل غيـر الشـرعي: طبـق هـذا المصطلح علـى أسـرى قطـاع غـزة بعـد انسـحاب إسـرائيل مـن قطـاع غـزة. (منشـورات جامعـة القـدس المفتوحـة، الحركـة الاسـيرة، ص39)

<u>مراحل الاعتقال</u>

1. القرارات العسكرية:

أول مـا يمـر بـه الأسير الفلسـطيني جملـة القـرارات العسـكرية المتعلقـة بالاعتقـال، التـي وضـعت بشـكل جـائر لتتوافـق مـع الواقـع الأمنـي، فيـتم إصـدار القـرارات مـن القـادة العسـكريين علـى شـكل أوامـر يـتم التعامـل معهـا علـى أنهـا تشـريعات يلتـزم الجيـش بهـا. وبـذلك حصـل الجنـود الإسـرائيليون علـى صـلاحيات واسـعة فـي اعتقـال المـواطن الفلسـطيني، حيـث تـم اعتقـال أعـداد كبيـرة مـن الفلسـطينيين فـي ظـروف مختلفـة وفـي أوقـات متباينـة ومناسبات مختلفة.

ومـن أبـرز هـذه القـرارات القـرار (378) الـذي بمقتضـاه تـم تخويـل الجنـدي الإسـرائيلي اعتقـال أي شـخص، وكـذلك الأمـر العسـكري الـذي صـدر عـن القـادة العسـكريين في الضـفة الغربيـة وقطـاع غـزة وسيناء فـي أيلـول (1967م)، الـذي أعطـى الجيـش صـلاحية اعتقـال الأطفـال ممـن تصـل أعمـارهم إلـى الثانيـة عشـرة، والتحقيـق معهـم ومحـاكمتهم، رغـم مخالفـة هـذه القـرارات للقـوانين الدوليـة واتفاقيات جنيف (البطش الحركة الأسيرة، ص (33-35.

وما زالت إسرائيل تمعن في تطبيق إجراءاتها وتشريعاتها بكل صلف وعنجهية، وكل الشهادات المشفوعة بالقسم على لسان الأسرى الرجال والنساء والأطفال جميعها شهادات دامغة وموثقة تدين حكومة الاحتلال ومحققيها، وهي مخالفات جسيمة للقانون الدولي في التعامل مع الأسرى سواء خلال الاعتقال أو الاستجواب، وغالبية الاعترافات من الأسرى وخاصة الأطفال انتزعت منهم بالقوة وتحت التهديد والضغط النفسي والجسدي (عيسى قراقع، الجزيرة نت، 2015/11/10م).

<u>التوقيف</u>

يعد التوقيف من أهم مراحل الاعتقال فهو نتاج القرارات العسكرية التي سنها القادة العسكريون لتسهيل هذا التوقيف ومنذ عام 1967م، وتطورت ظروف التوقيف بما يتناسب مع القرارات العسكرية، فانتهجت سلطات الاحتلال أساليب مختلفة في التوقيف. فأول ما يواجهه الموقوف لحظة الاحتجاز، هو تقييد يديه، إما بالحديد أو بقطعة من البلاستيك، ويعصب الجنود عينيه أو يضعون رأسه في كيس ـ تخرج منه رائحة كريهة في العادة ـ لا يمكن الرؤية من خلاله.

ويتعرض المعتقل خلال ذلك للضرب والشتم، بهدف بث الخوف في نفسه ، وخلق هزات نفسيه لديه تهيئة لضباط المخابرات الذين يتولون مرحلة التحقيق معه. وقد مارست إسرائيل عبر قراراتها مخالفات جسيمة لحقوق الإنسان، من ضمنها الممارسات في حالة

التوقيـف، ولـم تمنـح الموقـوف أدنـى حقوقـه المشروعة، كعـدم تفسـير الاعتقـال وتبريـره، ففـي بعـض الحـالات لمجـرد طريقـة المشـي أو النظـر للمـواطن كافيـة لتوقيفـه والاعتـداء عليـه، وممارسـة العنـف بحقـه، وإصدار أوامـر بطريقـة مذلـة، وإجبـار الموقـوفين علـى إنـزال الأعـلام أو مسـح الشـعارات عـن الجـدران، وإخفـاء مكـان تـوقيفهم، ومنـع المحـامي مـن زيـارتهم، ولأسـباب أمنيـة أعطـت الأوامـر العسكرية القضاة العسكريين الحـق لتمديـد فتـرة التوقيف. (البطش الحركة الأسيرة، ص **36**).

<u>التحقيق والاتهام</u>

تعـد مرحلـة التحقيـق والاتهـام المرحلـة الأخيـرة والأصعب والأهـم مـن مراحـل الاعتقـال، بـدءاً ممـا يتعـرض لـه المعتقـل وصـولا لتحديـد مسـار عمليـة الاعتقـال، والقـدرة علـى ضـرب خلايـا المقاومـة مـن أجهـزة الأمـن الإسـرائيلية. وأكثـر مـا يميـز هـذه المرحلـة غربـة المكان ووحشـته، فهـذا المكـان المخصـص للتحقيـق هـو الـذي سيسـاهم فـي تشـكيل الوضـع النفسـي للموقـوفين، وغالبـاً مـا يكـون فـي أقبيـة الزنازيـن المقامـة فـي مبـان قديمـة معظمهـا تحـت سـطح الأرض، صـممت بـأعلى مواصفات الإرهـاق النفسـي، ضيقـة ومنعزلـة، مغلقـة النوافـذ، وأبـواب حديديـة موصدة ومصفحة وتفتح علـى بـاب ثـان وربما ثالث قبل الخروج منها نهائيا.

والزنزانـة بطـول متـر وعـرض نصف المتـر، مـع مـرور المجـاري أسـفل أرضـيتها، ولونهـا داكـن، مضاءة لا تنطفـئ، وتنبعـث الـروائح الكريهـة بسـبب عـدم تنظيـف

30

الفضـلات، وتنتشـر القـوارض فيهـا، ويتم سـكب المياه فـي داخلها بهـدف الحرمـان مـن النـوم، والجلـوس فـي ظـروف صعبة، وأكـل رديء و بيئـة معيشـية غيـر آدميـة (نايفـة، ص 23).

وهنـــاك أيضـــاً خصوصـــية الضبـاط الـذين تضعهم السـلطات للإشـراف، وهـم مـدربون علـى أعلـى المسـتويات، فهـي مرحلـة لا يتـدخل فيهـا عـادة ضبـاط الجيـش، بـل ضبـاط المخـابرات الإسـرائيلية (الشـين بيـت)، الـذين يسـتخدمون أعنـف الأسـاليب بحـق الأسـرى، تحـت غطـــاء القـــوانين العسـكرية والأوامـر، والحصـانة السياسية الممنوحة من حكومة الاحتلال.

<u>أهداف التحقيق</u>

يسـعى المحقـق الاسرائيلي للحصـول علـى مجموعـة مـن الاهـداف مـن خـلال التحقيـق، ويمكـن اجمـال اهـم اهـداف التحقيق كالاتي:

1. يهـدف المحقـق للحصـول علـى معلومـات مهمـة مـن الأسير.

2. الحصـول علـى معلومـات وقائيـة واسـتخبارية لضـرب المقاومة والخلايا العسكرية السرية.

3. إضعاف قـدرة الأسـير علـى المقاومـة أمـام هيبـة وبطش جهاز الشاباك.

4. تحويـل الأسـير إلـى مـواطن مصـاب فسيولوجياً أو تسـبب بإصابته بعجـز طبـي أو تشـوه عقلـي يمنعـه مـن ممارسـة نشاطه الوطني بعد تحرره من السجن.</p>

5. التأثير على الأسير معنوياً خلال فترة التحقيق والتهديد بأساليب قاسية لانتزاع الاعتراف.

<u>المحاكم العسكرية</u>

نشأت المحاكم بعد صدور الأمر العسكري رقم (378) الذي بموجبه تم تشكيل المحاكم العسكرية ووضع صلاحيتها، وبدأت تنظر في القضايا التي انتهى التحقيق فيها، وكانت غير مكتملة ودون تحضير، وأقيمت في كنف معسكرات الجيش في الضفة الغربية.

فهناك محكمة الجنوب الواقعة على أراض محافظة رام الله، بمحاذاة سجن عوفر، وأخرى يعرض عليها أسرى الشمال والمعروفة بمحكمة سالم، وفي قطاع غزة أقيمت المحكمة العسكرية في الجزء الجنوبي من مبنى السرايا حيث تجاور سجن غزة المركزي.

وقد كثفت هذه المحاكم أنشطتها ما بين عامي (1982م و1983م)، وكذلك في بداية انتفاضة الحجارة وفي السنوات الأولى من انتفاضة الأقصى، حيث جرى محاكمة مئات من الشبان الذين تتراوح أعمارهم بين الثالثة عشرة والحادية والعشرين

وتختلف هذه المحاكمات العادية في السرعة التي تتم فيها الإجراءات القانونية، فكانت تجري عادة في أعقاب التظاهرات الجماهيرية، بإحضار المقبوض عليهم أمام محكمة تعمل مؤقتاً، وأحيانا في الليل قبل أن تتسنى لها فرصة الاتصال بشهود الدفاع والمحامين، وتخالف إسرائيل كافة قواعد القانون الدولي والمحاكمات العادلة ـ إذا افترضنا أن هذه محكمة.

فهـذه المحـاكم خضعت بشكـل كامـل لإرادة أجهـزة الأمـن وذريعـة الـدواعي الأمنيـة فتـأثرت الأحكـام وفـق ذلـك، وبارتفـاع مستـوى التطـرف فـي دولـة الاحـتلال، وارتفـاع شـأن المستوطنين فـي الضـفة الغربيـة، حيـث أصبحت الأحكـام أكثـر شـدة وردعـاً بمضـاعفة سـنوات الحكـم وفرض غرام مالية عالية.

وواجـه الأسـرى الفلسـطينيون المحـاكم بكـل صـلابة وعبـروا عـن رفضـهم لهـا، مـن مقاطعتهـا والوقـوف فـي وجـه قضـاتها، وإبـداء آرائهـم السياسـية والوطنيـة والثوريـة، وعبـروا أيضـاً خـلال الرسـائل وأدبيـات الحركـة الأسـيرة عـن واقـع المحـاكم، وأنهـا محـاكم صـورية بسـلوك قضـاتها وإجراءاتهـا، وفقـدانها للأهليـة الدوليـة، وكثيـراً مـا كـان يتعـرض الأسـرى بسـبب مـواقفهم للاعتـداء داخـل المحـاكم. (منشـورات جامعـة القـدس المفتوحـة، الحركـة الاسيرة، ص31)

أنواع المحاكم:

تصـنف المحـاكم العسـكرية الإسـرائيلية فـي المنـاطق المحتلة لإشكال عدة:

- المحـاكم الابتدائيـة: وهـي تخـتص بالقضـايا التـي تصـل عقوبتها إلى سبع سنوات.

- المحـاكم اللوائيـة: تخـتص بالقضـايا التـي تصـل عقوبتهـا للسجن مدى الحياة.

- اللجـان الاستشـارية أو لجنـة الاعتـراضـات العسـكرية: وهـي للاعتـراض علـى القـرارات العسـكرية التـي يصـدرها قادة المناطق.

- محكمـة العـدل العليـا: تنظـر فـي قضـايا الاسـتئناف علـى أحكام صدرت عن المحاكم اللوائية.

أمـا أنـواع المحـاكم التـي شـكلت للاسـرى الامنيـين فكانـت حسب الاشكال التالية:

1. المحـاكم العسـكرية: وهـي مخولـة باضـدار الاحكـام ضـد الاسـرى الـذين تـم اعتقـالهم مـن الضـفة الغربيـة وقطـاع غـزة. وأبـرز تلـك المحـاكم التـي تـم أنشـاؤها عـام 1967، محكمـة نـابلس ومحكمـة جنـين ورام الله وبعـد توقيـع اتفـاق اوسـلو تـم نقـل المحـاكم الـى سـجن عـوفر والجلمـة وغيرهـا من الاماكن الاخرى.

2. المحـاكم المدنيـة: وهـي محـاكم مخولـة لاصدار الاحكـام ضـد الاسـرى الـذين يحملـون الهويـة الاسرائيلية وسكان الـداخل المحتـل والقـدس أو مـن أسـرى الضـفة وغـزة الـذين قـاموا بتنفيـذ عمليـات فـي الـداخل، وأبـرز تلـك المحـاكم حيفـا وتـل ابيـب وبئـر السـبع والقـدس، ويحتـاج الاسـير الـذي يحكـم فـي تلـك المحـاكم الـى إعفـاء مـن رئيس الدولـة فـي حـال التوصـل الـى صـفقة تبـادل بـين المقاومـة والاحتلال.

3. محكمـة الاسـتئناف: وهـي المخولـة بـالنظر فـي إعتـراض الاسير على الحكم الصادر ضده

4. محكمـة العـدل العليـا: وهـي مخولـة بـالنظر بـإعتراض الاسـير علـى قـرار محكمـة الاسـتئناف، وغالبـا مـا تـرفض طلب المدعي.

الفصل الثاني

السجون الإسرائيلية وغرف العار

الباب الأول
السجون والمعتقلات الإسرائيلية

أنشأ الاحتلال الإسرائيلي منذ عام (1948م) وإمتداداً إلى احتلال الأراضي الفلسطينية عام 1967م ثلاثين سجناً ومعتقلاً ومركز توقيف وكانت تهدف من وراء افتتاح تلك السجون إجهاض المقاومة الفلسطينية التي اندلعت في أعقاب احتلال الأراضي الفلسطينية ولتكون مركز تجميع للحالات النضالية المقاومة للاحتلال.

ورثت إسرائيل عدد من السجون والمعتقلات من الانتداب البريطاني التي كانت بالأساس مباني قديمة أو إصطبلات للخيول وحولتها لسجون ومعتقلات

وأبرز السجون التي تم إنشائها في زمن الانتداب البريطاني وورثتها إسرائيل من عهد الانتداب البريطاني هي:

- سجن عسقلان: ويقع في مدينة عسقلان مدينة المجدل الفلسطينية وتم إنشاء هذا المبنى من قبل سلطات الانتداب البريطاني، وبعد الاحتلال الإسرائيلي عام 1967م تم تحويله إلى سجن وتم افتتاحه عام 1969م نتيجة زيادة أعمال المقاومة الفلسطينية.

- سجن كفار يونا: يقع على أراضي بيت ليد بالقرب من طولكرم وكان هذا السجن بمثابة قلعة للجيش البريطاني وتم افتتاحه في عام 1972م، للأسرى الفلسطينيين.

- سجن الرملة: يقع بين مدينتي اللد والرملة أنشأته السلطات البريطانية عام 1934م وعادت إسرائيل ترميم

هـذا السـجن عـام 1968م ويقسـم هـذا السـجن إلـى عـدة أقسام:

أ‌- مستشفـى سـجن الرملـة للأسـرى الفلسطينيين المرضى والمصابين ويقبـع فيـه حاليا مـا يقـارب 20 أسير مصابون بإصابـات خطيـرة ومقيمـين بشـكل دائـم، وكـان الشـهيد خالـد الشـاويش أخـر ضحايا هـذا المشفى ومـن قبلـه الأسير ناصر أبو حميد.

ب‌- قسـم نيفـي ترتسـا: وأنشـأ هـذا القسم عـام 1968م وهـو مخصص للأسيرات الفلسطينيات.

ت‌- قسـم أيـالون: وهـو أصعب السـجون مـن ناحيـة الظـروف وأقدمها من حيث الأهلية للسكن والعيش.

- سـجن شـطة: يقـع فـي غـور الأردن قـرب بيسـان وكـان أسـمه قـديماً قلعـة خـان وأنشـأ فـي زمـن الانتـداب البريطـاني وتم افتتاحه عام 1958م.

- سـجن الـدامون: يقـع بـين أحـراش جبـل الكرمـل وشـيد فـي عهـد الانتـداب البريطـاني وتـم افتتاحـه عـام 1953م وفـي عام 1967م أفتتح للأسرى الأمنيين.

<u>السجون التي أقامتها دولة الاحتلال الإسرائيلي</u>

أنشـأت إسـرائيل مجموعـة مـن السـجون والمعتقلات بعـد احتلالهـا للأراضـي المحتلـة عـام 67 وكانـت أبـرز هـذه السجون:

- سـجن نفحـة: وهـو قريـب مـن سـجن بئـر السـبع فـي الصحراء، وتـم افتتـاح هـذا السـجن عـام 1980م، وهـو مـن أصعب السـجون فـي الظروف الاعتقاليـة بسـبب الظـروف

الجوية الحارة وانتشار الحشرات والأفاعي والبعد عن مكان سكن الأهالي وهو مخصص للأحكام العالية.

- سجن ريمون: وهو على مقربة من سجن نفحة أفتتح عام 2006م بسبب الازدحام في السجون ويتكون من 7 أقسام مخصص لذوي الأحكام العالية.

- سجن هداريم: يقع بالقرب من نتانيا وسمي بهذا الاسم لموقعه بين الأحراش والحقول وتم افتتاحه عام 2000م للأسرى الخطيرين والمؤبدات.

المعتقلات الإسرائيلية:

- سجن النقب: تم افتتاحه عام 1988م بعد اندلاع انتفاضة الحجارة لاستيعاب ألاف الأسرى الذين شاركوا في الانتفاضة الأولى.

- سجن مجدو: يقع بالقرب من جنين ويقبع فيه الأسرى الموقوفين وذوي الأحكام الخفيفة أنشأ في انتفاضة الحجارة.

- سجن عوفر: يقع بالقرب من رام الله يقبع فيه الأسرى الموقوفين وذوي الأحكام الخفيفة، تم إنشاءه في انتفاضة الأقصى.

مراكز التحقيق والتوقيف:

- مركز توقيف الرملة.
- مركز توقيف الجلمة.
- مركز توقيف حيفا.

- مركـز توقيـف المسكوبية ويقـع في القـدس، وتـم تشييده زمـن الانتـداب البريطـاني، وكـان أول شـهيد مـن القـدس أستشهد فيه نتيجة التعذيب وهو الشهيد قاسم أبو عكر.

- مركز توقيف عسقلان.

- مركز توقيف مجدو.

- مركز توقيف سالم.

- مركز توقيف حواره.

- مركز توقيف عتصيون.

<u>السجون السرية التابعة للاحتلال الإسرائيلي:</u>

- السجن السـري عـام 1391هـ وهو أحـد السـجون السـرية التي أقامتهـا إسرائيل مـن أجـل إخفـاء جرائمهـا بحـق الأسـرى وهـو بنايـة قديمـة شـيدت مـن قبـل الانتـداب البريطاني.

- مقابر الأرقـام: وهـي مقابر لإخفـاء رفـات وجثـامين الشـهداء عامـة والأسـرى خاصـة ويوجـد حاليـا 40 أسـيراً تـم دفـنهم فـي تلـك المقـابر وتـرفض إسـرائيل تسـليم جثـامينهم. (منشـورات جامعـة القـدس المفتوحـة، الحركـة الاسيرة، ص51 – ص 73)

أقسام السجون وأنواعها

قسـمت السجون إلـى أنـواع عديـدة حسـب نوعيـة الأسـرى الـذين يتـم اعتقـالهم واحتجـازهم فيهـا حسـب فتـرة مـدة المحكوميـة ومـدى خطـورة الأسـير وأبـرز أنـواع السجون:

1. السجون المركزية: وهي السجون المخصصة للأسرى المحكومين بأحكام عالية والمؤبدات وتم إدانتهم بعمليات فدائية خطيرة أدت لمقتل وإصابة إسرائيليين، وتختلف ظروفها الأمنية من ناحية الحراسة المشددة والكلاب البوليسية وأجهزة الإنذار المبكر وأبرزها سجن عسقلان، نفحة، ريمون، والرملة، وبئر السبع.

2. المعتقلات الإسرائيلية: وهي مخصصة للأسرى الموقوفين وذوي الأحكام الخفيفة مثل مجدو، عوفر، النقب.

3. مراكز التوقيف: وهي مراكز مخصصة للتحقيق مع الأسرى بعد اعتقالهم مباشرة حتى انتهاء عملية التحقيق قبل نقلهم إلى إحدى السجون المركزية أو المعتقلات بناء على اعترافاتهم ولوائح الاتهام.

الباب الثاني
غرف العار

<u>العصافير:</u>

يعتبـر استخدام غـرف العـار أو مـا أطلـق عليـه الأسـرى (العصــافير) أحـد أشكـال التعـذيب النفسـي والجسـدي معـاً ـ بهـدف حصـول جهـاز الأمـن علـى المعلومـة مـن الأسـير، وهـي وسـيلة كيديـة تعتمـد الخـداع وتمثيـل العمـلاء الأدوار وطنيـة، وكـل مـا يحـدث بإيعـاز وإشـراف رجـال المخابرات الإسـرائيلية حيــث يمثـل العميـل دور الشـرف والنضـال بهـدف استـدراج الأسـير للحـديث عـن العمليـات أو النشاطات التي قام بها.

ويقـوم العمـلاء، بمهمـات يعجـز عنهـا رجـل الأمـن، فهـم يتظـاهرون بـالعيش فـي أجـواء مصـطنعة بـأجواء الأسـرى نفسـها، ويطبقـون أنظمـتهم، وطـرق إدارتهـم لشـئون حيـاتهم، كـي يسـهل تـأثيرهم علـى المعتقـل وكسـب ثقتـه، وذلـك بهـدف أن يتكلـم عـن نشـاطه السياسـي أو الأمنـي بعـد أن يكـون المحققـون الإسـرائيليون قـد فشـلوا فـي انتزاع اعترافات منه.

ويستـخدم أسـلوب العصـافير بعـد عجـز المخابرات الإسـرائيلية عـن انتـزاع اعترافـات الأسـرى أو الشـك بـان

لـدى الأسير معلومـات لـم يدلي بهـا خـلال التحقيق الجسـدي حيـث يـم إيهـام الأسـير بأنــه قـد أنهـى التحقيق وانــه سـيتم تحويلــه ونقلــه إلــى السـجون التـي يتجمـع ويتواجد فيهـا الأسرى بعـد نقل الأسير مـن غرف التحقيق يتـم إدخالــه إلـى غرف العصـافير وهـم أسـرى فلسـطينيين تعـاملوا مـع الاحـتلال أو أسـرى جنائيين يعملـون لصـالح المخـابرات وتـم تحويلهم كـأداة لانتـزاع اعترافـات الأسـرى الـذين صمدوا خـلال فتـرة التحقيق أمـام الوسـائل الوحشـية دون إنتزاع اعتراف.

وتبـدأ المرحلــة الأولــى عنـد دخـول الأسير إلـى غرف العـار حيـث يـتم استقبالـه فـي ترحاب وفـي اليـوم التـالي يطلـب منـه كتابـة تقارير بالأعمال التـي لـم يعترف عليهـا بـالتحقيق لـدى المخابرات الإسرائيلية وفـي حالـة رفضـه يتهمونـه بالعمالـة ولكـي يثبـت أنـه إنسـان وطنـي يكتـب تقريـر مفصل حـول كـل مـا قـام بـه وبعـد خروجـه يتفاجأ بوجـود التقريـر الـذي قـام بكتابتـه لـدى ضابط المخـابرات ممـا يشـكل دلـيلاً علـى إدانتـه. (منشـورات جامعـة القـدس المفتوحة، الحركة الاسيرة، ص 96)

<u>طرق الوقاية من غرف العار:</u>

1. عـدم الحـديث مـع أي شـخص يقابلـه خـلال فتـرة التحقيق فـي أي موضـوع كـان وعـدم الإجابـة علـى أي سـؤال أو استفسار من أي شخص يقابله خلال التحقيق.

2. الالتـزام بالصـمت المطبـق منـذ خروجـه مـن بيتـه حتـى الإفـراج عنـه وخاصـة فـي قضـايا لـيس مـن صلاحية أي شخص الاستفسار عنها.

3. التمسك بكلمة لا أعرف فهي طريق النجاة والخروج بأقل الخسائر.

4. عدم الوثوق بأي شخص تقابله خلال فترة التحقيق حتى لو أظهر لك بمعرفة أشخاص من محيطك أو بلدك وتلك المعلومات تكون المخابرات قد زودت العصافير بها.

5. عدم كتابة أي تقرير خلال فترة التحقيق وخاصة في قضايا لم يتم الاعتراف عليها.

6. عدم الحديث بما تملك من معلومات مع أي شخص تقابله خلال فترة التحقيق.

7. القاعدة الأهم أن الأسرى المناضلون داخل السجون لا يطلبون من الأسرى الجدد كتابة أي تقرير أو الإدلاء بأي معلومات لم يتم الاعتراف بها خلال فترة التحقيق وما يطلبه الأسرى كتابة تقرير عن التجربة الاعتقالية بالتحقيق وما أدليت به من اعترافات.

<u>العملاء في السجون</u>

بالرغم من أن واقع الأسرى واقع نضالي وأغلب من يتم اعتقالهم على خلفيات نضالية إلا أن المخابرات الإسرائيلية استطاعت تجنيد بعض الأسرى خلال فترة التحقيق من خلال الترهيب أو الترغيب، واستطاعت أن تقنع بعض الأسرى بالتعامل معها عند دخولهم السجون لتحويلهم إلى طابور خامس وأهم الأهداف التي يسعى جهاز المخابرات من تحقيقها من تجنيد العملاء داخل السجون ما يلي: (موسوعة تجارب الاسرى الفلسطينية والعرب، الجزء الثاني، ص51- ص53)

1. الحصول على معلومات لنشاط الأسرى داخل السجون والخطط النضالية.

2. إحداث الفوضى بين الأسرى والخلافات بين الفصائل والتنظيمات.

3. بث روح الفرقة والعشائرية والفردية لترسيخ الابتعاد عن الولاء التنظيمي والأخلاق الثورية.

4. محاولة إسقاط الأسرى بطرق مختلفة.

5. المساهمة في بث الروح الانهزامية خلال الإضرابات المفتوحة.

6. إبلاغ إدارة السجن بأسماء المسؤولين وأنشطة الأسرى المستقبلية.

7. إحباط خطط الأسرى لكشف العملاء عبر إبلاغ ضابط الأمن بمسئولي الأمن الثوري في السجون.

<u>أسباب السقوط الأمني داخل السجون</u>

من البديهية أن هناك عدة أسباب للسقوط الامني داخل السجون وموافقة الاسير للتعامل مع الاحتلال الاسرائيلي، ولعل أبرز أسباب السقوط الأمني:

1. قلة الوازع الديني والأخلاقي.

2. المغريات التي يقدمها ضابط المخابرات للشخص المستهدف.

3. إغراء الأسير بتقديم تسهيلات له خلال فترة الاعتقال عبر تخفيف الحكم ضده أو الإفراج عنه أو تسهيل التواصل مع ذويه.

4. تصـوير الشــخص المســتهدف بشـكل غيـر لائـق ويـتم تهديد الأسـير بنشــر تلـك الصـور وفضــحه بـين أهلـه والأسـرى مما سيؤدي إلى نبذه وكشفه.

<u>الأجهزة الأمنية في إسرائيل</u>

- جهـاز الشــين بيـت (الشــاباك): وهـو الجهـاز المسـئول عـن جمـع المعلومــات فـي الأراضـي الفلسـطينية المحتلـة عـن النشـطاء والمقــاومين فـي التنظيمــات الفلسطينية ومسئول عـن تنفيـذ الاعتقـالات والاغتيـالات فـي الأراضـي المحتلـة والـداخل والقـدس، ويعـين رئيسـة مـن قبـل رئيس الحكومـة ويكون تابع مباشرة له.

- جهـاز الموسـاد: وهـو الجهـاز المسـئول عـن جمـع المعلومــات فـي الخــارج وتنفيـذ الاغتيـالات خـارج حـدود فلسـطين وأهـم العمليـات التـي قـاموا بهـا اغتيـال أبـو جهـاد وفتحي الشقاقي.

- جهـاز الاسـتخبارات العسـكرية (الأمـان): وهـو جهـاز مخـول بجمـع المعلومـات العسـكرية المتعلقـة بالقـدرات العسـكرية بالـدول العربيـة والخـارج وقـدرة التنظيمـات العسكرية.

- جهـاز الأمـن الـداخلي (الشـرطة): وهـو مسـئول عـن الحراسـة علـى السـجون والإشـراف علـى الأسـرى الأمنيين.

- جـيش الاحـتلال الإسـرائيلي: وهـو يسـتمد معلوماتـه مـن الأجهـزة الأمنيـة الشـاباك والموسـاد والاسـتخبارات والشـرطة ويعتبـر قـوة تنفيذيـة للأجهـزة الأمنيـة وهـو

الأكثر عدداً في دولة الاحتلال وجميع قادة الأجهزة يتم تعيينهم من قبل رئيس الحكومة وتابعين له. (منشورات جامعة القدس المفتوحة، الحركة الاسيرة، ص90)

الباب الثالث
التعذيب في السجون

<u>تعريف التعذيب:</u>

التعذيب مصطلح عام يستعمل لوصف أي عمل ينزل آلاماً جسدية أو نفسية بإنسان ما، وبصورة متعمدة ومنظمة كوسيلة من وسائل استخراج المعلومات، أو الحصول على اعتراف، أو لغرض التخويف والترهيب، أو كشكل من أشكال العقوبة، أو وسيلة للسيطرة والحمل على الإدلاء (الدلو، جريمة تعذيب ص (30).

أما المقصود بالتعذيب قانونياً، وفق اتفاقية مناهضة التعذيب: أي عمل ينتج عنه ألم أو عذاب شديد، جسدياً كان أم عقلياً، يلحق عمداً بشخص ما بقصد الحصول من هذا الشخص أو من شخص آخر على معلومات أو على اعتراف.

إن سلطات الاحتلال تمارس كل تلك الظروف والانتهاكات على الأسرى الفلسطينيين في السجون والمعتقلات الإسرائيلية، وترتكب جرماً مقصوداً للنيل

47

مـن الأسـير الفلسـطيني، وانتـزاع اعتـراف وتخلـيص معلومـات ولـو غيـر حقيقيـة تحـت الضـغط والتعذيب، ولـو غيـر حقيقيـة تحـت الضـغط والتعـذيب لتحقيـق الأهـداف المشمولة في الميثاق

وعلـى الـرغم مـن أن إسـرائيل قـد وقعـت وصادقت علـى اتفاقيـة مناهضـة التعذيب لعـام 1984م إلا أنهـا تعتبـر الجهـة الوحيـدة فـي العـالم التـي أجـازت التعذيب وشرعته بقـرار مـن المحكمـة العليـا الإسـرائيلية، لتعطـي بـذلك رخصـة للمحققـين الإسـرائيليين وأجهـزة الأمـن المختلفـة فـي مواصـلة تعـذيب الأسـرى بأشـكال وأسـاليب متنوعـة، فالأسـرى فـي سـجون الاحـتلال ليسـوا مجـرد عـدد بـل هـم مشـهد تتجسـد فـي كـل جنباتـه أصنـاف العنصرية والإهانـة والتنكيـل والتعـذيب واللاإنسـانية التـي يمارسـها الاحـتلال بحقهـم، وهـي مـن الـدول. (حمدونـة لجوانـب الابداعيـة، ص 65)

<u>أهداف التعذيب:</u>

نسـتطيع القـول إن كـل مـن تعـرض للاعتقـال مـورس بحقـه التحقيـق والضـغط والتعـذيب مـن خـلال مسـرحية متكاملـة الأدوار، يكـون فيهـا لكـل محقـق وجـه معـين، حيـث يكونـون أشـبه بـالممثلين. فمـن محقـق متخصـص فـي التهديـد والوعيـد، وآخـر للشـتيمة والاسـتهزاء والسـخرية، إلـى محقـق يمثـل دور الطيـب الحنـون الـذي يواسـي ليستدرج الأسـير بـالكلام، وآخـر ينهـال بالضـرب والألفـاظ البذيئة القذرة،

ويمكــــن حصـــر أهـــداف التعـــذيب بالتـــالي: (الـــبطش، المعتقلون، ص 54)

1. الحصـول علـى معلومـات اسـتخبارية عـن الأوضـاع السياسية والعسكرية للمنظمات.

2. الحصــول علــى معلومــات اسـتخبارية وقائيــة لنشـاطات رجال المنظمات.

3. إضــعاف قــدرة الأســير علــى المقاومــة أمـام هيبــة جهـاز الأمن العام.

4. تحويــل الأسـير إلـى مـواطن مصـاب فسـيولوجياً أو إصـابته بعاهــة لا يسـتطيع ممارسـة نشـاطه فـي المنظمـات بعـد خروجه من السجن.

<u>تشريع التعذيب من قبل سلطات الاحتلال</u>

وقعـت سـلطات الاحتـلال علـى أربـع اتفاقيـات أو عهـود دولية لمناهضة التعذيب وهي:

1. الإعلان العالمي لحقوق الإنسان (المادة 5).

2. اتفاقية مناهضة التعذيب؛(المادة 4).

3. العهـد الـدولي الخـاص بـالحقوق المدنيـة والسياسـية(لمادة 7).

4. اتفاقية جنيف الرابعة(المادة 32).

ويتضـح مـن هـذه الاتفاقيـات التـي وقعهـا الاحتـلال بأنـه لا يجـوز التـذرع بأيـة ظـروف اسـتثنائية أيـاً كانـت، سـواء كانـت هـذه الظـروف حالـة حـرب أو تهديـد بـالحرب، أو عـدم اسـتقرار سياسـي داخلـي، أو أيـة حالـة مـن حـالات الطـوارئ العامـة الأخـرى كمبـرر للتعـذيب، بـل إن بعـض

هـذه الاتفاقيـات كاتفاقيـة مناهضـة التعـذيب تلـزم الموقعين عليهـا بملاحقـة المتهمـين باقتراف مثـل هـذه المخالفـات، وتقـديم مقترفيهـا للمحـاكم أيـاً كانـت جنسيتهم علمـاً بـان إسرائيل وقعت على هذه الاتفاقيات ولم تلتزم بها.

تـم تشـكيل لجنـة خاصـة سـميت بلجنـة (لانـداو) (على اسـم رئيسـها) موشـيه لانـداو للوقـوف علـى قضـايا التعـذيب، والتعـرف علـى الأسـاليب التـي يستخدمها جهـاز الأمـن العـام أثنـاء التحقيـق، وانتهت اللجنـة إلـى أن الضغط الجسـدي علـى المعتقلـين كـان مـن الممارسـات المقبولـة علـى المحققـين فـي جهـاز الأمـن العـام. (منشـورات جامعـة القدس المفتوحة، الحركة الاسيرة، ص 93)

<u>أنواع التعذيب:</u>

1. التحقيـق الجسـدي: ويسـتخدم فـي كافـة أنـواع التعـذيب الجسـدي كالضـرب والشـبح والهـز العنيـف .... الـخ، لانتزاع الاعتراف.

2. التعـذيب النفسـي: حيـث يسـتخدم المحقـق الأسـاليب النفسـية للضـغط علـى الأسـير لـلإدلاء بـالاعتراف كالتهديـد باعتقـال الزوجـة أو الأم أو هـدم المنـزل أو الاعتقـال لفترة طويلة.

3. التحقيـق المعنـوي: وهـو سـعي المحقـق للتـأثير علـى الأسـير معنويـاً حيـث يشكك بأهميـة مـا قـام بـه مـن عمـل وطنـي فـي محاولـة إضـعاف معنوياتـه للانهيـار والاعتـراف، وإبلاغـه أن زمـلاءه قـد أدلـوا باعترافـات ضده. (الحموز، الصلابة، ص 22)

<u>أساليب التعذيب</u>

أبـرز الأسـاليب التـي استخدمتها إسـرائيل فـي عمليـة التعذيب بهدف انتزاع اعتراف الأسرى.

- الاستخفاف بالأسير وعزله عن العالم الخارجي.
- الضـرب بشـدة علـى أصـابع اليـدين والقـدمين والأذن والأعضاء التناسلية.
- إحضار الأم أو الأخت للضغط على الأسير.
- تعـريض العيـون والأذن لمـؤثرات كتسـليط الضـوء بقـوة والأغاني المزعجة.
- استعمال جهاز كشف الكذب.
- كتابـة الاعتـراف بخـط يديـه وغالبـاً يجبـر التوقيـع عليـة باللغة العبرية.
- الحرمان من النوم.
- التلفظ بألفاظ نابية.
- استخدام غطاء الرأس ذو الرائحة الكريهة.
- استخدام غرف العار أو العصافير.
- استخدام أسلوب الهز العنيف.
- استخدام الكلاب البوليسية.
- الشبح لفترات طويلة.

الفصل الثالث
الإضرابات ومعارك الأمعاء الخاوية

- الباب الأول: الإضرابات داخل السجون

- الباب الثاني: المؤسسات التنظيمية داخل السجون

الباب الأول
الإضرابات داخل السجون

خاضت الحركة الأسيرة منذ نشأتها العديد من الخطوات النضالية التكتيكية والإستراتيجية وذلك من أجل تحقيق حياة كريمة للأسرى وبناء حياة تنظيمية داخل السجون، وقد اعتمد الأسرى على تلك الخطوات لمواجهة إدارة السجون وتحقيق المكتسبات النضالية والوطنية. (منشورات جامعة القدس المفتوحة، الحركة الاسيرة، ص 189)

<u>لعل أبرز أنواع الإضرابات عن الطعام:</u>

1. إضراب احتجاجي: وهو إعادة وجبة واحدة أو ليوم واحد وربما تستمر ليوم أو ليومين.

2. الإضراب التضامني: وهو أن يكون الإضراب عن وجبة أو ليوم كامل تضامنا مع حدث ليس في السجن نفسه.

3. الإضراب السياسي: وهو لإيضاح الموقف السياسي للأسرى الفلسطينيين تجاه قضية سياسية معينة. مثل المعايير الإسرائيلية بالتعامل مع الأسرى عقب توقيع اتفاقيات (أوسلو عام 1993 م).

53

4. الإضراب التكتيكي: وهو الإضراب عن الطعام لفترة زمنية تصل لبضعة أيام. وتكون لأغراض الاستعداد للإضراب الاستراتيجي لإنذار إدارة السجن.

5. الإضراب المفتوح عن الطعام (الاستراتيجي): هي خطوات مطلبية عادة ما تطول لأيام وأسابيع وأحياناً لأكثر من شهر ولا تنتهي إلا بتحقيق المطالب أو بعضها، ويتطلب الاستعداد للتضحية من الأسرى، ومساندة كافة الجهات المساندة خارج السجون كافة.

6. الإضرابات الفردية: وهو وسيلة لجأ إليها الأسرى الإداريون بشكل فردي وكان أول أسير قد خاض إضراب فردي الأسير الشهيد (خضر عدنان) حيث استمر أول إضراب له 66 يوم وتبعه أسرى أخرون للتعبير عن رفضهم للاعتقال الإداري.

<u>أهم الإضرابات التي خاضها الأسرى الفلسطينيون في السجون الإسرائيلية</u>

خاضت الحركة الأسيرة منذ نشأتها أكثر من ثلاثين إضراباً مفتوحاً عن الطعام، وكان أبرز تلك الإضرابات:

1. إضراب الأسرى في سجن نابلس عام 1968م، ولمدة ثلاثة أيام احتجاجا على سياسة الضرب المنظمة ويمكن اعتباره أقدم الإضرابات الاحتجاجية في تاريخ الحركة الأسيرة في عهد الاحتلال الإسرائيلي.

2. إضراب سجن الرملة واستمر 9 أيام.

3. إضراب الأسرى المفتوح عن الطعام في سجن عسقلان في(1970) م وفيه استشهد أول أسير للحركة الأسيرة

(عبـد القـادر أبـو الفحـم)، وكـان أول إضـراب مـنظم وحقـق فيه الأسرى إنجازات أهمها: أدوات القرطاسية.

4. إضـراب سـجن عسـقلان عـام 1976م وهـو أطـول إضـراب مفتوح في تاريخ الحركة الأسيرة واستمر 45 يوماً
<u>وحقق الأسرى فيه إنجازات أهمها:</u>

1- الاعتراف بالتمثيل الاعتقالي للأسرى.

2- بناء المؤسسات والهياكل التنظيمية.

3- تحسين الطعام كماً ونوعاً.

4- السماح بتأدية امتحان الثانوية العامة.

• إضـراب نفحـة عـام 1980م واستمر مـدة 33 يومـاً واستشـهد فيـه ثلاثـة أسـرى وهـم: علـي الجعفـري، وراسـم حـلاوة، وأنـيس دولـة، وأستشـهد لاحقـاً الأسير الرابـع إسـحق مراغـه عـام 1983م فـي سـجن السـبع بسـبب التضـامن مـع إضـراب نفحـة وكـان سـبب الإضـراب افتتاح سـجن نفحـة وفرض ظـروف قاسية علـى الأسرى ونجح الأسرى في تحقيق الكثير من المطالب أهمها:

1- إدخال التلفاز والراديو والصحف.

2- تحسين الطعام كماً ونوعاً.

3- تحسين الرعاية الطبية.

4- السماح لهم بالتنقل داخل غرف الأقسام.

5- تقليل الازدحام في الغرف والحصول على الأبراش.

• إضـراب سـجن جنيـد فـي عـام 1984م واسـتمر لمـدة 12 يوماً وكـان سـبب الإضـراب افتتـاح سـجن جنيـد فـي ظـل ظـروف

صـــارمة علـــى الأســرى وكـــان مخصــص للأحكـــام العاليــة. ونجح الإضراب في تحقيق العديد من الإنجازات.

- إضـراب السـجون عـام 1992م واسـتمر 20 يومـاً وشـاركت فيـــه جميـــع الســجون والمعـــتقلات واستطاع الأســرى تحقيق إنجازات أهمها:

1. الموافقـــة علـــى التعلـــيم الجــامعي فـــي الجامعــة العبريــة بالمراسلة.
2. السماء بتمديد فترة الزيارة إلى 45 دقيقه.
3. السماح بإدخال الهوايات.
4. خراج الأسرى المعزولين من العزل الانفرادي.
5. السماح بالتصوير مع الأهالي.

- إضـــراب عـــام 1995، أول إضـراب سياسـي وهـــو أول إضـراب سياسـي واستمر18 يومـاً وكـان الهـدف منـه لفـت نظـر القيـادة الفلسـطينية والمفـاوض الفلسـطيني لقضـية الأسرى وعدم تركها لحسن النوايا الإسرائيلية

- إضـراب سـجن هـدريم عـام 2000م واستمر 30 يومـاً وجـاء الإضـراب بعـد افتتـاح سـجن هـدريم بعـد انتفاضـة الأقصـى كقسـم لعـزل القيـادات والأحكـام العاليـة، ونجـح الأسـرى فـي تحقيق مطالبهم.

- إضـراب عـام 2004م جـاء الإضـراب بعـد سـحب مصلحة السـجون العديد مـن مطالـب الأسـرى واعتلاء الحكـم فـي إسرائيل حكومـة يمينيـة متطرفـة واستمر الإضراب 27 يومـاً ولـم ينجـح الإضراب بدرجـة كبيره بسـبب الظروف الأمنية واندلاع انتفاضة الأقصى وحكومة متطرفة.

- إضـراب عـام 2017م اسـتمر 40 يومـاً وشـارك فيـه 1500 أسـير مـن حركـة فـتح بقيـادة مـروان البرغـوثي وكـان سـبب الإضـراب الهجمــة الشرسـة علـى الأسـرى فـي سـجون الاحتلال.

<u>الوسـائل النضـالية للأسـرى والحركـة الأسـيرة فـي مواجهة إدارة السجون</u>

أبتـدع الأسـرى عـدد مـن الوسـائل النضـالية فـي مواجهـة غطرسـة وهمجيـة إدارة السـجون الإسـرائيلية، وقـد انتهج الأسرى ثلاثة أساليب وثلاثة وسائل أهمها:

- الخطوات الإستراتيجية.

- الخطوات التكتيكية.

- الأساليب النفسية.

<u>أهم الوسائل الإستراتيجية</u>

وهـي الوسـائل طويلـة الأمـد التـي اسـتخدمها الأسـرى كوسيلة من وسائل المواجهة الشاملة وأبرز الوسائل:

1. الإضـراب المفتـوح عـن الطعـام الـذي يقتصـر علـى المـاء والملح ويستمر لأكثر من 10 أيام.

2. الإضراب عـن حلاقـة الشـعر لفتـرة طويلـة وأبـرز تلـك الخطـوات إضـراب سـجن هـدريم عـام 2003م والـذي اسـتمر عامين.

3. الإضـراب عـن الخـروج إلـى النزهـة لفتـرة طويلـة وأبرزهـا إضـراب سـجن نفحـة عـام 2023م والـذي اسـتمر عـدة أشهر.

4. الإضراب عن الخروج لمرافق العمل لفترة طويلة.

5. رفض التفتيشات العارية وهو أسلوب استخدمه أسرى شطه عام 2003م لوقف التفتيش العاري.

6. الإضراب المفتوح عن زيارة الأهالي نتيجة التفتيشات المذلة لأهالي الأسرى.

<u>أهم الوسائل التكتيكية</u>

أستخدم الأسرى مجموعة من الوسائل التكتيكية من أجل تحقيق إنجازات بالطرق السلمية واعتمدت تلك الوسائل كأسلوب سلمي للأسرى لتحقيق مطالبهم، وأبرز تلك الوسائل هي:

1. إرجاع وجبه أو عدة وجبات احتجاجا - على سبيل المثال - على الإهمال الطبي بحق أحد الأسرى.

2. التكبير والطرق على الأبواب نتيجة التفتيشات العارية أو اقتحام الغرف.

3. المراسلات والحوارات وهي وسيلة النضال الأولى للتفاهم والحوار عن طريق تقديم طلبات الأسرى.

4. مقاطعة رجال الإدارة وهي وسيلة تحذيرية للسجانين في حال قيام أحدهم بالإساءة لأحد الأسرى أو أهالي الأسرى.

5. مقاطعة العيادة وتأتي نتيجة الإهمال الطبي والمماطلة في علاج الأسرى وتأجيل العمليات الجراحية.

6. الاحتكاكات والمشادات الكلامية.

7. حرق الغرف حيث استخدم تلك الوسيلة أسرى الجهاد الإسلامي بعد عملية هروب نفق جلبوع في سجن نفحة نتيجة الإجراءات القاسية ضدهم.

<u>الأساليب النفسية</u>

أبرز الأساليب النفسية التي استخدمها الأسرى

1. التهديد بحل الهيئات التنظيمية.

2. التهديد بالاعتداء على الشرطة والسجانين.

3. ارتداء اللباس الموحد (البني).

4. تجنيد السجانين رداً على محاولة تجنيد أسرى للتعامل مع مصلحة السجون.

5. عقد جلسات تنظيمية في وقت موحد.

<u>أبرز الأساليب الإستراتيجية العنيفة التي يستخدمها الأسرى في السجون الإسرائيلية:</u>

1. التمرد على قرارات مصلحة السجون كرفض الوقوف على العدد والالتزام بزي مصلحة السجون. كما حصل في سجن هداريم عام 2003، بعد إعلان الأسرى تمردهم رفضا لزيادة أسرة داخل الغرف، ورفضوا الوقوف على العدد لفترة طويلة.

2. الاعتداء على أحد ضباط السجن في حال تعرض عائلات الأسرى أو الأسرى أنفسهم للإهانة ومحاولة المس بكرامتهم.

3. التخطيط والتنفيذ للهروب من السجن كما حدث في سجن نفحة في شهر أيلول عام 1987، حيث تمكن ثلاثة أسرى وهم: خليل الراعي، وكمال عبد النبي، وشوقي أبو نصيرة، من الهروب من سجن نفحة حيث أستغل الاسرى عملية بناء لاقسام جديدة في سجن نفحة وتمكنوا من قص أبواب السجن بعد تهربيهم مناشير

59

الــى داخــل الســجن ونجحــت عمليــة الهــروب، وتعتبــر مــن أهم العمليات الناجحة للاسرى.

كمــا تمكــن ســنة أســرى مــن الهــروب مــن ســجن جلبــوع عــام 2021 مــن حفــر نفــق مــن داخــل زنــزانتهم وتمكــن الاسـرى مــن الهــروب لعــدة أيــام قبــل أن يــتم القــاء القــبض علــيهم وأعتبــرت عمليــة الهــروب مــن نفــق جلبــوع القصــص الخياليــة والناجحــة وســجلت تطــوراً نوعيــاً فــي النضــال للحركــة الاســيرة مــن أجــل الحصــول علــى الحريــة والاسرى الذين تمكنوا من الهروب هم:

- محمود العارضة
- زكريا الزبيدي
- يعقوب قادري
- محمد العارضة
- أيهم كممجي
- مناضل نفيعات

وحــاول الاسرى تنفيــذ مجموعــة مــن عمليــات الهــروب، كمــا حــدث فــي ســجن شــطة عــام 2003، حيــث تمكــن 16 عشــر أســير مــن الاحكــام العاليــة مــن حفــر نفــق مــن داخــل زنــزانتهم وتمكنــوا مــن الخــروج، وتــم القــاء القــبض علــيهم خارج أسوار السجن.

وفــي ســجن عســقلان حــاول تنفيــذ عــدة عمليــات هــروب، حيــث تمكــن اسيران مــن قــص شــبك الســجن والهــروب الــى خــارج الســجن، وتــم القــاء القــبض علــيهم بعــد عــدة أيــام وذلــك فــي عــام 1996. وكــذلك تمكــن مجموعــة مــن الاسرى

من الهـروب مـن سـجن عسـقلان مـن قسـم 11، حيـث قـاموا بحفـر سـقف الغرفـة، وفـي يـوم الزيـارة خرجـوا مـع الأهـالي وتـم كشـف عمليـة الهـروب علـى بـاب الحراسـة، ومـن أبرزهم الاسير شكري سلمة، نضال زلوم.

4. تمكـن الاسـرى مـن تهريـب أجهـزة تلفـون خلويـة للتواصـل مـع اهـاليهم بالخـارج، تعتبـر تلـك مـن وسـائل التمـرد التـي واجهتها مصلحته السجون بكل قوة.

5. تمكـن الاسـرى مـن تهريـب نطـف الـى الخـارج، حيـث نجـح الاسـرى فـي تلـك الوسـيلة، وتمكـن العديـد مـن الاسـرى وخاصـة مـن ذوي الاحكـام العاليـة مـن إنجـاب الاطفـال رغـم اعتقالهم.

<u>الاضراب المفتوح عن الطعام</u>

يعتبـر هـذا الاسـلوب مـن أفضـل الاسـاليب التـي يلجـأ اليهـا الاسـرى وهـو سـلاح اسـتيراتيجي فتـاك وقـد أثبـت فاعليتـه خـلال المسـيرة الاعتقاليـة منـذ سـنواتها الاولـى حتـى يومنـا هـذا وهـو لـيس هدفا بحـد ذاتـه بـل الخيـار الاخيـر غيـر المفضـل لـدى الحركـة الاسـيرة، حيـث يتنـاول الاسرى الملح والماء فقط عند الشروع بالاضراب

يعتبـر الاضـراب المفتـوح عـن الطعـام هـو مـن أصعـب القـرارات التـي يلجـأ اليهـا الاسـرى داخـل السـجون وهـو الخيـار الاخيـر الـذي يسـتخدمه الاسـرى كأحـد أهـم الوسـائل النضـالية الاسـتيراتيجية، ويعتبـر الاضـراب المفتـوح عـن الطعـام الـذي يمتنـع الاسـرى عـن تنـاول الطعـام والشـراب بـارادتهم الكاملـة مـن أجـل تحقيـق مطالبهم بعـد سـحبها مـن مصلحة السـجون وبعـد فشـل كافـة الخطـوات التكتيكيـة

61

المتعـارف عليهـا لـدى الاسرى، (موسـوعة التجـارب الاسرى الفلسطينيين والعرب، الجزء الثاني، ص241)

خاضـت الحركـة الاسـيرة أكثـر مـن 30 اضراب منـذ عـام 1970 وكـان أول شـهيد للحركـة الاسـيرة عبـد القـادر أبـو الفحـم وقـدمت الحركـة الاسـيرة 6 شهداء خـلال الاضـرابات المفتوحة عن الطعام

<u>أسباب الإضراب المفتوح عن الطعام:</u>

1. فشل الخطوات التكتيكية والحوار والمراسلات.

2. اسـتمرار مصـلحة السـجون فـي سـحب الإنجـازات والهجمة الشرسة على الأسرى.

3. استشـهاد عـدد مـن الأسـرى نتيجـة الإهمـال الطبـي أو العزل الجماعي.

<u>أهـم الأعـراض التـي ترافـق الأسير عنـد الإضـراب عـن الطعام:</u>

• ألم في الرأس والمفاصل.

• عدم القدرة على الحركة.

• هبوط في الوزن.

• الدوخة والغثيان.

• اصفرار الوجه والهزل.

<u>عوامل نجاح الاضراب المفتوح عن الطعام</u>

1. وحدة الحركة الأسيرة.

2. وحدة التنظيمات كافة.

3. التضـامن الواسـع مـن الجمـاهير الفلسـطينية مـع الإضراب.

4. التعبئة النضالية التي تسبق الإضراب.

5. عـدد الأسـرى الـذي يشـارك فـي الإضـراب، يعتبـر مـن أهـم عوامل الاضراب.

الباب الثاني
المؤسسات التنظيمية داخل السجون

<u>الهياكل التنظيمية في السجون</u>

استطاع الأسـرى مـن بنـاء الهياكـل التنظيميـة والمؤسسـات التنظيميـة خاصـة بعـد نضـالات طويلـة وإضـرابات إسـتراتيجية أجبـرت مصـلحة السـجون علـى الاعتـراف بتلـك الهياكـل بعـد إضـراب عـام 1976م والاعتـراف بالتمثيـل الاعتقـالي ولجـان الحـوار واللجـان الاعتقالية

وقـد تمكـن الأسـرى مـن بنـاء هياكـل تنظيميـة عامـة لجميع الأسرى وهياكل تنظيمية خاصة لكل تنظيم

ومـن أبـرز الهياكـل التنظيميـة العامـة: (موسـوعة تجـارب الاسرى الفلسطينيين والعرب، الجزء الثاني، ص54)

1. اللجنـة الاعتقاليـة العامـة: وهـي لجنـة كلفـت بقيـادة العمـل الموحـد للأسـرى داخـل السـجون ولكافـة السـجون بمختلـف انتمـاءاتهم التنظيميـة والسياسـية، وكـان مـن أبـرز مهامها:

- وضع خطط نضالية إستراتيجية وتكتيكية لمواجهة السجان.
- صياغة لائحة اعتقالية موحدة لجميع الأسرى.
- وضع البرامج الرياضية والتثقيفية للأسرى.
- استقبال الأسرى الجدد وفرز الأسرى حسب الانتماء التنظيمي.
- التنسيق بين السجون وبين المؤسسات الوطنية في الخارج وقيادات التنظيمات في الخارج.
- تنظيم الاحتفالات الوطنية للمناسبات الوطنية كإنطلاقة الثورة.

2. ممثل المعتقل: من أبرز مهامه:

- أن يمثل جميع الأسرى أمام مصلحة السجون وهو المخول بالحديث باسم الأسرى.
- ممثل أكبر الفصائل داخل السجن ويجب أن تتوفر فيه خبرات خاصة كالنقاء الأمني والأخلاقي والوعي الثقافي والقدرة على المفاوضات والمناورة.
- يعتبر موجه سياسات المؤسسة الاعتقالية ويتطلب منه التنسيق مع اللجنة الاعتقالية العامة حول مطالب الأسرى.

3. لجنة الحوار: وهي إحدى اللجان الاعتقالية العامة وأبرز مهامها:

- تتولى لجنة الحوار عملية المفاوضات مع إدارة السجون.

- استقبال الوفـود والطواقم مـن خـارج السـجن التابعـة لمصلحة السجون والصليب الأحمر.
- نقل مطالب الأسرى لممثل المعتقل.
- تعتبر لجنة الحوار ممثله لكافة الفصائل في السجن.

<u>المؤسسات الخاصة بالتنظيم</u>
شـكلت التنظيمـات هياكـل تنظيميـة خاصة لكـل فصـيل بالإشـراف علـى حيـاة الأسـرى وتنظيـم حياتهم الداخليـة، وتتشابه كافـة الهياكـل التنظيميـة لكافـة الفصـائل مـع بعـض المسـميات المختلفـة ويمكن إجمـال أهـم الهياكـل التنظيميـة الخاصة بحركة فتح كالآتي:

1. الموجـه العـام: وهـو أعلـى رتبـه تنظيميـة داخـل الحركـة وهـو بمثابـة القائـد العـام للحركـة والنـاطق باسـمها وينتخب من القاعدة مباشرة.

2. اللجنـة المركزيـة: وهـي أعلـى سـلطة تنظيميـة داخـل الحركـة ويـتم انتخابهـا بشـكل مباشـر وهـي مخولـة بالإشـراف علـى الأجهـزة التنظيميـة المختلفـة داخـل السجن.

3. المجلـس الثـوري: وهـو السـلطة التنظيميـة الثانيـة بالحركـة ويـتم انتخابهـا بشـكل مباشـر حسـب ترتيـب الأصـوات وهـي بمثابـة لجنـة رقابـة علـى الموجـه العـام واللجنة المركزية.

4. **المـؤتمر العـام:** وهـو مجمـوع أسـرى حركـة فـتح فـي السـجن (القاعـدة التنظيميـة) وهـو ينتخـب بشـكل دوري الموجه العام واللجنة المركزية والمجلس الثوري.

5. **اللجنة الثقافية العامة ومهامها:**

- الإشـراف علـى التعلـيم فـي السـجون ومحـو الأميـة وإعـداد الـدورات الثقافيـة والسياسـية والإشـراف علـى تعلـيم اللغات وإعداد الجلسات التنظيمية.

- إعداد مجلة ثقافية شهرية متنوعة لإبداعات الأسرى.

- الإشـراف علـى التعلـيم العـالي فـي السـجون كالثانويـة والبكالوريوس والماجستير.

6. **اللجنة الأمنية العامة: ومهامها:**

- إعداد كادر أمني من الأسرى.

- إعداد جلسات أمنية.

- التوعيـة الأمنيـة. تشـكيل جهـاز الرصـد الثـوري لملاحقـة العملاء ومراقبتهم.

- التحقيق مع العملاء والجواسيس ومحاربتهم.

7. **اللجنة الإدارية ومهامها:**

- حل الإشكالات بين الأسرى.

- إعداد جلسات إدارية أسبوعية.

- ترتيب الغرف والتنقلات بين الأقسام.

- الإشراف على مرافق العمل.

- معاقبة الأسرى الذين يرتكبون مخالفات إدارية.

8. **اللجنة النضالية ومهامها:**

- إعـداد خطـط وبـرامج نضـالية لمواجهـة السـجان كالإضرابات والاحتجاجات.
- التنسـيق بـين الفصـائل والسـجون والمؤسسـات بالخـارج ومراسلتهم.
- استقبال الأسرى الجدد وتنظيم الاحتفالات الوطنية.

<u>التعليم في السجون:</u>

منــذ نشـأة الحركـة الأسيرة عـام 1967م سـعى الأسـرى للحصـول علـى التعلـيم وكـان مطلـب السـماح لهـم للالتحاق بالجامعات

مـن أهـم المطالـب وقـد نجـح الأسـرى فـي تحقيـق ذلـك عبـر سنـوات النضـال والخطـوات النضـالية وأبـرز مراحـل التعلـيم: (موسـوعة تجـارب الاسـرى الفلسـطينيين، الجـزء الثاني، ص241)

1. حصـل الأسـرى علـى مـواد القرطاسـية بعـد إضراب عـام 1970م ونجـح الأسـرى فـي الحصـول علـى الشـهادة الثانويـة العـام بعـد إضراب عـام 1976م واسـتطاع مئـات الأسـرى علـى الحصـول علـى شـهادة الثانويـة العامـة أثنـاء اعتقالهم.

2. نظـم الأسـرى دورات ثقافيـة وتعليميـة وسياسية والقـدرة علـى الكتابـة وكتابـة القصـص والروايـات والشـعر داخـل السـجون، وتمكـن الأسـرى مـن تنظيـم دورات لـتعلم اللغـات وخاصـة اللغـة العربيـة وقواعـدها واللغـة العبريـة والإنجليزيـة، وتمكـن الاسـرى مـن اصدار مجموعـة مـن الروايـات والقصـص والقصـائد التـي اعتبـرت مـن أشـهر

القصائد فــي فلسطــين والـوطن العربــي ، ومـن أشـهر القصائد قصيـدة الشاعـر محمـود درويـش (أحـن الـى خبـز أمـي) ، حيـث كتبهـا مـن داخـل زنزانتـه ، وتـم اصـدار روايـة بـابور الكـاز للاسير محمـد عليـان عـام 1976 فـي سجن الرملـة ، والـف الاسـير المحـرر جبريـل الرجـوب روايتـه (الزنزانـة رقـم 706) فـي بدايـة الثمانينـات ، وروايـة (الشـمس فـي ليـل النقـب) للاسير المحرر هشـام عبـد الـرازق ، وروايـة (زنزانـة رقـم صـفر) للاسير المحرر محمـد أبـو لـبن ، وروايـة (ترانيم مـن خلـف القضبان) للاسـير المحرر عبـد الفتـاح حمايـل ، وروايـة (عـودة الاشـبال) للاسير المحـرر فاضـل يـونس ، وتمكـن الاسـرى مـن إصـدرا دواويـن شـعرية حيـث تمكـن الاسـير ناصـر الشـاويش مـن كتابـة مجموعـة مـن القصائد والاغـاني الوطنيـة ، وسميح القاسـم قـام بتـأليف ديوانـه الشـعري (رسـالة مـن المعتقـل). وتمكـن عـدد مـن الاسـرى مـن إصـدار كتـب مـن داخـل الأسـر ومـن أبـرز تلـك الكتـب (كتـاب صـهر الـوعي) للاديـب والأسـير الشـهيد وليـد دقـة، وتمكـن الأسـير كـريم يـونس أقـدم أسـير فلسطيني مـن تـأليف عـدة كتـب داخـل السـجون، حيـث أمضـى الاسـير كـريم يـونس برفقـة رفيقـه مـاهر يـونس 40 عامـاً متواصـلة داخـل السجون الاسرائيلية.

3. تمكـن الأسـرى عـام 1992م مـن الحصـول علـى إكمـال دراسـتهم فـي الجامعـة العبريـة عـن طريـق المراسـلة وسـمح لهـم بالانتسـاب للجامعـة العبريـة ليتمكـن المئـات مـن الأسـرى الالتحـاق بالجامعـة رغـم كثيـر مـن المعوقـات

التــي وضــعتها مصلــحة السـجون إمـامهم كمنــع إدخــال الكتب الدراسيـة مـن الجامعـة العبريـة والتـأخير فـي إرسـال الوظـائف ومصـادرة الكتـب ومنـع التعليـم لأسبـاب بسيطـة وكــان أخـر خطـوات إقـرار قـانون جلعـاد شـاليط الـذي تـم إقراره بالكنيست والذي منع التعليم في الجامعات.

4. تمكـن الأسـرى عـام 2011م مـن الحصـول علـى موافقـة جامعـة القـدس أبـو ديـس بعـد مراسـلة الأخ الأسير مـروان البرغـوثي للجامعـة للسـماح للأسـرى الـذين حصلـوا علـى شـهادة البكـالوريوس الالتحـاق بدرجـة الماجسـتير، وقـد وافقـت الجامعـة للأسـرى فـي سجن هـدريم بسـبب تواجـد الأخ مـروان البرغـوثي فـي السجن المـذكور والإشـراف بنفسـه علـى الطلبـة، وقـد التحـق ستـة طلبـة أسـرى بالدفعـة الأولـى ببرنـامج الماجسـتير بإشـراف الأخ مـروان البرغـوثي وكـان يتـم عقـد المحاضـرات فـي سـاحة النزهـة وبالسـر وبعـد ذلـك وافقـت جامعـة القـدس المفتوحـة بعـد مراسـلتها مـن قبـل الأسـرى مؤسسـات شـؤون الأسـرى بالسـماح للأسـرى بالالتحـاق بدرجـة البكـالوريوس والماجسـتير مـن داخـل السـجون مـع ضـرورة تـوفر المتطلبـات اللازمـة لـذلك وألتحـق المئـات مـن الأسـرى بالبرنامج.

5. تمكـن الأسـير مـروان البرغـوثي مـن الحصـول علـى درجـة الـدكتوراه مـن الجامعـات المصريـة بالمراسـلة وكـان الأسـير الأول الـذي يـتمكن مـن الحصـول علـى درجـة الدكتوراه وهو داخل السجن.

6. أصدر الرئيس محمود عباس أبو مازن في عام 2013م قراراً رئاسياً يسمح للأسرى داخل السجون من الحصول على درجة الدكتوراه وطالب الجامعات بتسهيل كافة الأمور ليتمكن الأسرى من ذلك..

الفصل الرابع

عمليات التبادل وشهداء الحركة الأسيرة

- الباب الأول: عمليات التبادل بين المقاومة وإسرائيل:

- الباب الثاني: شهداء الحركة الأسيرة

الباب الأول
عمليات التبادل بين المقاومة وإسرائيل

منـذ نشـأة الحركـة الأسـيرة واعتقـال أول أسـير فلسطيني عـام 1965م الأسـير (محمـود بكـر حجازي) كانـت عمليـة التبـادل بـين المقاومـة الفلسطينية وإسرائيل أهـم أبـرز الوسـائل لتحريـر الأسرى وأبـرز عمليـات التبادل:

(منشـــورات جامعـــة القـــدس المفتوحـــة، الحركـــة الاســيرة، ص 194)

1. صفقة تبـادل أسـرى بـين الجبهـة الشـعبية لتحريـر فلسطين وإسـرائيل عـام 1968م، أطلـق بموجبهـا سـراح 37 أسـيراً فلسـطينياً مقابـل الإفـراج عـن ركـاب طـائرة إسـرائيلية، وكـان مقـاتلو الجبهـة الشـعبية قـد اختطفوهـا، وهـي أول عملية تبادل أسرى بعد حرب 1967م.

2. صفقة تبـادل بـين حركـة فـتح وإسـرائيل 1971م وأطلـق بموجبهـا سـراح أول أسـير للثـورة الفلسـطينية (محمـود بكر حجازي) مقابل جندي كان لدى حركة فتح.

3. صفقة تبـادل الأسـرى بـين الجبهـة الشـعبية القيـادة العامـة 1978م وأفرج بموجبها عن 76 أسير مقابل جندي.

4. صـفقة تبـادل أسـرى فـي عـام 1983م بـين حركـة فـتح بعـد حـرب لبنـان عـام 1982م، أفـرج بموجبهـا عـن الآلاف الأسـرى مـن معتقـل أنصـار فـي جنـوب لبنـان مقابـل سـتة جنود.

5. صـفقة تبـادل أسـرى بـين الجبهـة الشـعبية القيـادة العامـة وإسـرائيل عـام 1985م وأفـرج بموجبهـا عـن 1100 أسـير مقابـل ثلاثـة جنـود تـم اختطـافهم فـي حـرب لبنـان عـام 1982م.

6. صـفقة تبـادل أسـرى بـين حركـة حمـاس وإسـرائيل عـام 2011م وأفـرج بموجبهـا عـن 1027 أسير مقابـل الجنـدي الإسرائيلي جلعاد شاليط الذي تم أسره عام 2007م.

الباب الثاني
شهداء الحركة الأسيرة

منــذ نشــوء الحركــة الأســيرة خاضــت الحركــة الأســيرة الكثيــر مــن النضــالات والمعارك النضــالية وقــدمت خلالهــا التضــحيات المهمــة والكبيــرة واستشــهد خــلال تــاريخ

الحركـــة الأســيرة مئـــات الشـــهداء واختلفــت أســباب استشهاد الأسرى وتعددت حسب الظروف والأحداث.

وحســب إحصائية شـــؤون الأسرى حتـــى الســابع عشـــر مـــن نيســان عـــام 2024م فقـــد بلـــغ عـــدد شـــهداء الحركـــة الأســيرة (280) شـــهيداً حيـــث استشـــهد أكثـــر مـــن 42 أســير بعــد الســابع مـــن أكتـــوبر عـــام 2023 م بســبب زيـــادة وتيـــرة التعذيب في السجون والإهمال الطبي.

وفــي شـــهر نـــوفمبر2024 بلـــغ عـــدد شـــهداء الحركـــة الاســيرة منـــذ الســابع مـــن اكتـــوبر 42 اسير، ومجمـــل شـــهداء الحركـــة الاســيرة حتـــى اكتـــوبر 2024 (280) شـــهيد وتعـــددت أســباب استشـــهاد الأســرى حيـــث كانـــت أهـــم الأسباب:

أولا: استشهاد ستة أسرى خـــلال إضرابهم عـــن الطعـــام وكـــان أول شـــهيد للحركـــة الأســيرة عبـــد القـــادر أبـــو الفحـــم وقـــد أستشـــهد خـــلال إضـــراب عســقلان عـــام 1970م نتيجـــة محاولـــة إجبـــاره علـــى فـــك إضـــرابه عـــن طريـــق إدخـــال الزونـــده (التغذيـــة القصـــرية) إلـــى معدتـــه لكســر إضـــرابه، وفـي عـــام 1985م استشـــهد أربعة أســرى فـي إضـــراب ســجن نفحـــة أبـــرزهم: إسـحق مراوغـــه، علـــي جعفـري، وراسـم حـلاوة، وفـي إضـــراب ســجن عســقلان عـــام 1992م أستشـــهد الأســير (حســـين عبيـــات) وهـــو أخـر شـــهيد نتيجـــة الإضرابات المفتوحة عن الطعام داخل السجون.

ثانيـــاً: استشـــهاد أكثـــر مـــن مئـــة أســير نتيجـــة الإهمـــال الطبـــي وكـان أبـــرزهم عـــام 2024م الشـــهيد الأســير وليـد دقـــه،

والأسير خالد الشاويش، والأسير ناصر أبو حميد، والأسير كمال أبو وعر.

ثالثاً: استشهاد عشرات الأسرى في أقبية التحقيق لانتزاع الاعترافات منهم وبسبب صمودهم أدى ذلك إلى استشهادهم في غرف التحقيق وأبرزهم (إبراهيم الراعي، والأسير عبد الصمد حريزات) حيث يعتبر أول أسير أستشهد نتيجة أسلوب الهز العنيف على الكرسي المتحرك الذي أقرت المحكمة الإسرائيلية منع هذا الأسلوب في التحقيق لأنه قد يؤدي إلى الموت ولكن لم يلتزم المحققون بذلك.

رابعاً: استشهاد مجموعه من الأسرى نتيجة إطلاق النار عليهم من حراس السجن، وكان أبرز الحوادث إطلاق النار على ثلاثة أسرى عام 1987م في سجن النقب مما أدى لاستشهادهم.

خامساً: إعدام أسرى بعد اعتقالهم مباشره أحياء وتكررت تلك الحالة مع الكثير من الأسرى. وأبرز الامثلة أعدام الاسرى في حافلة رقم (300) حيث تم اعتقالهم احياء، وتم توثيقهم أحياء وبعد ذلك تم اعلان وفاتهم، وأتضح انه تم اعدامهم بعد اعتقالهم احياء. وأثارت تلك القضية الرأي العام الدولي والقانوني.

أشارت احصائيه صادره عن هيئة شؤون الاسرى ونادي الاسير الفلسطيني، في منتصف شهر نوفمبر2024 عن ارتفاع عدد شهداء الحركه الاسيره إلى 280 أسير منذ عام 1967، وأن هناك 42 اسيرا استشهدوا منذ السابع من اكتوبر عام 2023، وأن

أسباب استشهادهم كانت نتيجة الإهمال الطبي ونتيجة الاعتداء على بعضهم وتعذيبهم حتى الوفاة، وجزء منهم نتيجة الإهمال الطبي او نتيجة اصابتهم عند الاعتقال ولم يقدم لهم العلاج

واشارت الاحصائيه، ان عدد الاسرى ما زالوا قيد الاعتقال تجاوز عشرة آلاف ومئتين معتقل، من بين الاسرى (96) أسيرة، وما لا يقل عن 270 طفلا و3443 معتقلا اداريا بينهم 31 من النساء و100 طفل.

وأن إسرائيل اعتقلت أكثر من إحدى عشر ألف معتقل ومعتقله واطفال، منذ السابع من اكتوبر عام 2023، وأن عدد المعتقلين الذين تم اعتقالهم منذ عام 1967 تجاوز مليون إلى مليون 200 ألف اسير.

ويمكن ذكر أسماء عدد من شهداء الحركه الاسيرة منذ عام 1967....الذي بلغ عددهم 280 شهيدا. (منشورات جامعة القدس المفتوحة، الحركة الاسيرة، ص 16)

- اول شهداء الحركه الاسيرة الاسير عبد القادر ابو الفحم، اول شهداء المعارك الخاوية عام 1970

<u>شهداء إضراب نفحة عام 1980</u>

- إسحق مراغه
- علي الجعفري
- راسم حلاوة انيس دولة

<u>شهيد إضراب السجون عام 1992</u>

- حسين عبيات

شــهداء ســجن النقــب الــذين أطلقــت النــار عليهم مــن مــدير السجن عام 1988

- الشهيد اسعد الشوا
- الشهيد بسام العموري
- الشهيد السمودي

مجموعــة مــن أســماء شــهداء الحركــة الاسيرة منــذ عــام 1967 م.

- أستشهد الاسير محمد الأشقر عام 2007
- الشــهيد عمــر الصليبي فــي ســجن النقــب نتيجــة الاعتــداء عليه بالضرب حتى الاستشهاد
- الشهيد وليد عمرو نتيجة الإهمال الطبي عام 2003
- الشــهيد شــادي الصــعايده مــن غــزه 2007 نتيجــة الإهمــال الطبي
- الشــهيد قاســم ابــو عكــر نتيجــة التعــذيب بــالتحقيق فــي ســجن المسكوبيه
- الشــهيد الأســير خالــد أبــو ديــة نتيجــة التعــذيب بســجن المسكوبيه
- الشــهيد نضــال ابــو ســرور استشــه د فــي ســجن المسكوبيه نتيجة التعذيب
- الشــهيد جاســر ابــو رميلــه استشــهد فــي ســجن الجنيــد نتيجــة الإهمال الطبي عام 1992
- الشــهيد يحــي النــاطور ســجن الجنيــد نتيجــة الإهمــال الطبــي مطل التسعينات
- الشهيد طارق الحموري سجن الجنيد

77

- الشهيد عثمان بدوي سجن نابلس
- الشهيد الشهيدفريد طشطوش سجن نابلس
- الشهيد خضر الكيلاني سجن نابلس
- الشهيد فريد حافظ غنام سجن نابلس
- الشهيد احمد إسماعيل سجن نابلس
- الشهيد عبد الجابي السيوري سجن الخليل
- الشهيد فتحي ثوابته سجن الخليل
- الشهيد محمد وشاح سجن غزه
- الشهيد خالد الشيخ علي
- الشهيد جمال ابو شرخ
- الشهيد عطية الزعانين
- الشهيد محمد زيتون
- الشهيد ياسرالحمدوني
- الشهيد فارس بارود استشهد في سجن ريمون
- يوسف ابراهيم الجبالي سجن نابلس جراء التعذيب
- عبد الصمد حريزات 1995 اول شهداء اسلوب الهز العنيف
- الشهيد عواد محمد حمدان جراء التعذيب الجسدي
- الشهيد ابراهيم الراعي استشهد نتيجة التعذيب بالتحقيق بسجن المسكوبي
- الشهيد عمر القاسم استشهد نتيجة الإهمال الطبي
- الشهيد شادي الصعايدة ـ غزة
- الشهيد إسحق مراغه استشهد عام 1980
- الشهيد راسم حلاوه استشهد عام 1980

- الشهيد ابراهيم الراعي
- الشهيد جاسر ابو رميله
- الشهيد يحيى الناطو
- الشهيد حسين عبيات
- الشهيد ياسر حمدونه
- الشهيد عمر القاسم
- الشهيد ناصر ابو حميد

<u>الأسرى الأطفال في السجون الإسرائيلية</u>

على الرغم من أن الاتفاقيات الدولية لحقوق الإنسان وتحديداً اتفاقية حقوق الطفل شددت على توفير الحماية للأطفال ولحمايتهم ولاعطائهم فرصهم في النمو والتطور. ورغم ذلك مارست إسرائيل سياسة الاعتقال بحق الأطفال القاصرين والذين لم تتجاوز أعمارهم الثامنة عشر رغم تجاوز ذلك للقانون الدولي واتفاقيات جنيف لحقوق الطفل، وقد اعتقلت إسرائيل منذ عام 1967م أكثر من مئة ألف طفل ومارست بحقهم شتى أنواع التعذيب ولم تميز بين طفل أو بالغ ويبلغ عدد الأسرى الأطفال في السجون الإسرائيلية حاليا أكثر من (270) طفلاً ويتوزع الأطفال في سجن هشارون وسجن مجدو وبعض السجون الأخرى. (منشورات جامعة القدس المفتوحة، الحركة الاسيرة، ص 204)

لم تراعي مصلحة السجون أو أجهزة المخابرات الإسرائيلية الظروف الخاصة بالأطفال ومارست بحقهم نفس الأساليب التي يتم استخدامها مع الأسرى البالغين.

ولعــل أبــرز الأســاليب التــي يتــم اســتخدامها ضــد الأطفــال خلال اعتقالهم أو في مراكز التحقيق:

1. التهديد بالاغتصاب والتحرش الجنسي.
2. دمجهم مع الأسرى الجنائيين.
3. محاكمتهم كالأسرى البالغين دون المراعاة لأعمارهم.
4. التعــذيب النفســي كمــا حــدث مــع الطفــل (احمــد مناصــره) حيــث المشــاهد التــي بثــت مــن غرفــة التحقيــق هــزت الضمير الإنساني والعالمي.
5. الضرب والشبح.
6. دمجهم مع أسرى كبار في السن.
7. فرض غرامات مالية كبيرة عليهم.
8. الاعتقال المنزلي.

وأحتــل موضــوع الإفــراج عــن الأســرى أهميــة كبيــرة لــدى فصــائل منظمــة التحريــر والفصــائل الإســلامية وكانــت الأولويــة للإفــراج عنــهم فــي أي صــفقة تبــادل أو عمليــة مفاوضات.

<u>الأسيرات في سجون الاحتلال</u>

منــذ انــدلاع الثــورة الفلســطينية شــاركت المــرأة الفلســطينية فــي عمليــة النضــال الفلســطيني والمقاومــة الفلســطينية وشــاركت بالمقاومــة الفلســطينية بشــكل فعــال وبأوجــه مختلفــة ممــا أدى إلــى اعتقال آلاف النســاء علــى مــدار تــاريخ الثــورة الفلســطينية وكانــت أول أســيرة فلســطينية (فاطمــة البرنــاوي) أول أســيره يتــم اعتقالهــا</u>

على خلفية اشتراكها بالعمل المسلح في صفوف حركة فتح.

بلغ عدد النساء اللواتي تم اعتقالهن منذ عام 1967م أكثر من خمسة عشر ألف أسيرة ويتواجد حالياً داخل السجون ما يقارب 96 أسيره حسب إحصائية هيئة شؤون الأسرى في السابع عشر من نيسان عام 2024م، ولم يقتصر مشاركة المرأة الفلسطينية بالنضال خارج السجون بل شاركت الأسيرات الفلسطينيات الأسرى في معظم خطواتهم النضالية وإضراباتهم المفتوحة عن الطعام.

كان الإفراج عن الأسيرات في سلم أولويات الفصائل الفلسطينية في حالة حدوث عملية تبادل للاسرى أو خلال مفاوضات السلام، وقد أفرج عن عشرات الأسيرات خلال عملية تبادل عام 1985م وكذلك أفرج عن عشرات الاسيرات عام 2011. في صفقة وفاء الاحرار. (منشورات جامعة القدس المفتوحة، الحركة الاسيرة، ص 202)

وأفرج عن مجموعه من الأسيرات بعد توقيع اتفاق أوسلو حيث كان عدد الأسيرات سبعة وثلاثين أسيره عند توقيع اتفاق اوسلو، وأدين البعض منهم بالسجن المؤبد وأبرز الأسيرات اللواتي أفرج عنهن في اتفاقية أوسلو لميساء معروف، وزهرة قرعوش اللواتي حكم عليهن بالسجن المؤبد، وعبير الوحيدي التي حكمت سبعة عشر عاماً.

وفـي عـام 2023م أفـرج عـن أكثـر مـن مئـة أسـيرة نتيجـة عمليـة التبـادل بـين حركـة حمـاس وإسـرائيل بعـد السـابع من أكتوبر على خمس دفعات متوالية.

لـم تختلـف وسـائل التعـذيب بحـق الأسـيرات عـن الأسـرى بـل كانـت فـي بعـض الأحيـان أصـعب وأقصـى بسـبب حساسـية المـرأة الفلسـطينية ولعـل أبـرز الأسـاليب التـي تـم استخدامها خلال التحقيق مع النساء:

1. الشبح لمدة طويلة.
2. التهديد بالاغتصاب والتحرش الجنسي.
3. الضرب المبرح.
4. دمج الأسيرات الأمنيات مع الأسيرات الجنائيات.
5. جر الأسيرة من الشعر.

الباب الثالث

الهياكل الخاصة بالأسرى

<u>الهيئات الرسمية الخاصة التي تعنى بشؤون الأسرى</u>

1. **هيئة شؤون الأسرى**

تأسست بمرسوم رئاسي عام 1998م كوزارة شؤون الأسرى ومثلت المرجع السياسي والقانوني لقضية الأسرى والأسيرات والعرب القابعين في سجون الاحتلال، وتم إنشاؤها بعد تأسيس السلطة الوطنية الفلسطينية. (هيئة شؤون الاسرى، 2024)

وبعد توقيع اتفاق أوسلو وإنشاء السلطة الفلسطينية بقرار من الرئيس الفلسطيني أبو عمار رحمه الله أنشئت وزارة شؤون الأسرى عام 1997م لمتابعة شؤون الأسرى وقضاياهم وعين أول وزير للأسرى (الوزير الأسير المحرر: هشام عبد الرازق)، وفي أعقاب ذلك سن المجلس التشريعي قانون الأسرى والمحررين الذي حدد رواتب خاصة للأسرى حسب مدة الاعتقال واهتمت وزارة شؤون الأسرى بعدة قضايا تخص الأسرى وأبرزها:

- صرف رواتب للأسرى حسب قانون الأسرى والمحررين وحسب الفترة التي أمضاها الأسير داخل السجن.

- صرف مخصصات الكنتينا لكل أسير إلى داخل السجون.

- توكيل محامين للأسرى للدفاع عنهم.

- دفع تكاليف التعليم الجامعي داخل السجون.

- منح ماليه تعليمية للأسرى بالتعاون مع الجامعات الفلسطينية والمؤسسات الفلسطينية.
- تقديم قروض ماليه صغيره للأسرى لفتح مشاريع لهم.
- تنظيم الاعتصامات للتضامن مع الأسرى وقضاياهم.
- المشاركة في المؤتمرات الدولية المعنية بقضايا الأسرى.
- المشاركة في تشكيل وفود للتفاوض حول الأسرى في سجون الاحتلال للإفراج عنهم.
- الدعم القانوني للأسرى حيث الدعم والمناصرة لقضية الأسرى وتوفير الرعاية لأسرهم بما يحفظ كرامتهم الإنسانية وتأهيل وإعادة دمجهم في المجتمع الفلسطيني وخاصة المحررين والعمل على تحرير كافة الأسرى.

وفي عام 2015م تم تحويل وزارة شؤون الأسرى إلى هيئة شؤون الأسرى بسبب ضغوط دولية وإسرائيلية بسبب دفع الرواتب للأسرى داخل السجون. وتتناوب على وزارة وهيئة شؤون الاسرى عدة وزراء جميعهم من الاسرى المحررين.

أبرز الوزراء الذين تسلموا وزارة شؤون الأسرى منذ إنشائها هم:

1. الوزير هشام عبد الرازق/ أسير محرر.
2. سفيان أبو زايده/ أسير محرر.
3. وصفي كبها / أسير محرر.
4. عيسى قراقع/ أسير محرر.
5. قدري أبو بكر/ أسير محرر.

6. قدورة فارس / أسير محرر.

<u>نادي الأسير الفلسطيني</u>

برزت فكرة إنشاء نادي الأسير الفلسطيني من داخل السجون، حيث أقترح الأسير قدورة فارس ممثل معتقل جنيد في حينه إنشاء مؤسسة في الوطن المحتل وقبل قدوم السلطة في ظل غياب مؤسسات ترعى شؤون الأسرى وتم تأسيس نادي الأسير للاهتمام بقضايا الأسرى وتنظيم فعاليات تضامنية معهم، وقد تولى الأسير المحرر عيسى قراقع أول مدير لنادي الأسير بعد تأسيسه عام 1992. ثم تولى قدورة فارس رئاسة نادي الاسير حتى عام 2024. حتى توليه وأستمر في هيئة شؤون الاسرى، ويتولى حاليا عبد الله الزغاري رئاسة نادي الاسير الفلسطيني.

يعتبر نادي الأسير المؤسسة الرسمية الثانية التي تعنى بشؤون الأسرى وله أفرع في الضفة الغربية وقطاع غزة والقدس والداخل المحتل، وقد أنشأ نادي الأسير الفلسطيني رسميا عام 1994-1995م وقدم الاقتراح للحكومة الفلسطينية وتم اعتماده كمؤسسة رسمية، واهتم النادي بتنظيم فعاليات خاصة للتضامن مع الأسرى وخطواتهم النضالية وتوكيل محامين لزيادة الأسرى وزيارة أهالي الأسرى ونشر قضية الأسرى إعلامياً ودولياً وفضح سياسة مصلحة السجون وتعاملها مع الأسرى.

تتشابه مهام نادي الأسير مع مهام وزارة شؤون الأسرى في توكيل محامين للأسرى وتنظيم فعاليات

تضـــامنية معهــم وزيـــارة أهـــالي الأسـرى وغيرهــا مـن المهام الأخرى. (نادي الاسير الفلسطيني، 2024)

الفصل الخامس

- **البـــاب الأول:** الأســرى الفلســطينيين فــي اتفاقيـــات الســلام بين السلطة وإسرائيل

- **البـــاب الثـــاني** الأســرى واتفاقيـــات جنيـــف الخاصـــة بالأسرى:

الباب الأول

الأسرى الفلسطينيين في اتفاقيات السلام بين السلطة وإسرائيل:
عشـية توقيـع اتفـاق أوسلوا كـان عـدد الأسرى في السـجون الإسرائيلية مـا يقـارب 14 الـف أسير مـوزعين على السجون الإسرائيلية والمعتقلات.

بعـد توقيـع اتفاق أوسلوا في الثالـث عشـر مـن سـبتمبر عـام 1993م وتوقيـع إعـلان المبادئ بـين منظمـة التحرير الفلسطينية وإسرائيل والاعتـراف المتبـادل بـين الجـانبين، توقـع الأسرى الفلسـطينيين في السجون الإسرائيلية أن يـتم الإفـراج عـنهم جميعـاً، إلا أن الأسرى أصابتهم خيبة الأمـل بسـبب عـدم إطـلاق سـراح أي دفعـة مـنهم ولـم تشـملهم الاتفاقيـات الموقعـة واعتبـر الأسرى ذلـك خطـأ وتجـاهلاً لأهـم القضـايا النضـالية. (منشـورات جامعـة القدس المفتوحة، الحركة الاسيرة)

بعـد توقيـع إعـلان المبادئ أدرك المفاوض الفلسـطيني الخطـأ الـذي وقـع فيـه وصمـم علـى وجـود بنـود واضـحة تشـمل الإفـراج عـن الأسرى في مواعيـد محـدده وفـي أعقـاب توقيـع إعـلان المبادئ وقعـت منظمـة التحرير وإسرائيل سـت اتفاقيـات أخرى شـملت الإفـراج عـن ألاف الأسرى علـى دفعـات ومراحـل وأهـم الاتفاقيـات التـي وقعتها منظمة التحرير وإسرائيل:

1. اتفاقيـــة القـــاهرة بتاريخ 1994/5/4م والتي عرفـت ب (غـزة - أريحـــا أولاً) شــملت الإفـراج عـن خمسـة ألاف أسـير فلسطيني علــى مراحـل، وقـد أفرج فـي الرابـع مـن مايو عـن أكثـر مـن ألـف أسـير مـن كافـة السـجون وأفرج عـن بـاقي الأسـرى علـى مراحـل مختلفـة وشـمل الإفـراج عـن الأسرى معايير واشتراطات إسرائيلية أبرزها:

أ. عـدم الإفـراج عـن الأسـرى الـذين تـم إدانـتهم بقتـل يهـود أو جرحهم.

ب. عـدم الإفـراج عـن أسـرى يرفضـون التوقيـع علــى وثيقـة تعهد والتزام بالعملية السلمية.

ت. عـدم الإفـراج عـن أسـرى الـداخل والقـدس بسـبب أنهـم يحملون الهوية الإسرائيلية.

ث. إبعـاد جزء مـن الأسـرى وخاصـة المؤبـدات والأحكـام العاليـة إلـى أريحـا والبقـاء هنـاك حتـى انتهاء مـا تبقـى مـن محكوميتهم.

2. اتفاقيـــة أوسـلوا ونصـت علـى إعـادة الانتشـار للقـوات الإسرائيلية مـن الضـفة الغربيـة ووقـع فـي مدينـة طابـا عـام 1995م وأعقبه إفراج عن دفعات جديدة من الأسرى.

3. برتوكـول الخليـل الـذي نـص علـى إعـادة الانتشـار فـي الخليـل فـي زمـن نتنيـاهو ولـم يفرج عـن أسـرى أمنيـين بـل استبدلهم بأسـرى جنـائيين حيـث كـان الاتفـاق بالإفـراج عن 700 أسير.

4. اتفـاق واي بلانتيشـن والمسـمى بمـذكرة واي ريفـر ووقـع في واشنطن عام 1998م.

5. مـذكرة شـرم الشـيخ الأولـى فـي عـام 1999م فـي زمـن أيهـود بـراك وأفـرج عمـا يقـارب 300 أسير مـن الأحكـام العاليـة والذين اتهموا بجرح إسرائيليين.

6. اتفاق شرم الشيخ عام 2000م

لا شــك أن موضــوع الأسـرى احتـل مكانـاً خاصـاً فـي الاتفاقيــات الموقعــة إلا أن إسـرائيل اسـتخدمت التحايـل والمماطلــة والالتفــاف علــى الاتفاقيــات بسـبب عـدم وجـود نصـوص واضـحة للإفـراج عـن الأسـرى ومعـايير محـدده لــذلك، وأن المفـاوض الفلسـطيني تـرك قضيـة الأسـرى خاضـعة لحسـن النوايـا الإسـرائيلية ممـا أتـاح لإسـرائيل لعـدم التعامـل مـع الأسـرى كأسـرى حـرب أو حسـب القـانون الـدولي واسـتمر التعامـل معهـم كأسـرى خـارجين عـن القـانون وقتلـه إرهـابيين، وعـدم وجـود مرجعيـة قانونيـة لقضية الأسرى.

أما أهم إيجابيات اتفاقيات السلام حول ملف الأسرى:

- إطـلاق سـراح أعـداد كبيـرة مـن الأسـرى والأحكـام العاليـة والمؤبــدات ولــم يتبقـى فـي السـجون سـوى مئـات الأسـرى مـن ذوي الأحكـام العاليـة المتهمـين بقتـل يهـود وأسـرى القدس والداخل.

- تخفيــف الإجـراءات العقابيـة بحـق الأسـرى والسـماح للأسـرى بإدخـال الكثيـر مـن المشـتريات عـن طريـق الكنتينـا ووزارة الأسـرى ودفـع تكـاليف التعلـيم وتخصـيص مخصص للكنتينه لكل أسير.

- تـدخل السـلطة فـي أي إشـكالية داخـل السـجون والعمـل على حلها عن طريق المفاوض الفلسطيني.

<u>أما أهم سلبيات اتفاقيات السلام حول ملف الأسرى:</u>

تعاملـت إسـرائيل مـع قضيـة الأسرى وإطـلاق سـراحهم كمكافـأة للالتزامــات التـي سـتنفذها السـلطة وفـي حـال حـدوث أي عمـل مقـاوم تتراجـع عـن الإفـراج عـن دفعـات مـن الأسـرى متفـق عليهـا، ولعـل أبـرز مسـاوئ الاتفـاق هي:

1. إن إسرائيل أخضعت مسألة الأسرى للنوايا الإسرائيلية.

2. تـم الإفـراج عـن الأسـرى وفـق الرؤيـة الأمنيـة والأجهـزة الأمنية الإسرائيلية والشباك.

3. تـم التعامـل مـع الأسـرى وفـق القـانون الـداخلي والمحـاكم الإسرائيلية والعفو من رئيس الدولة.

4. لـم يـتم التعامـل مـع الأسـرى كأسـرى حـرب وبقيـت تسـتخدم مصـطلح السـجناء كدلالـة علـى أن الأسـرى قتلـه وإرهابيين.

5. أبقـت قضيـة الأسـرى بعيـداً عـن انطبـاق اتفاقيـة جنيـف والمناطق الفلسطينية للقانون الدولي.

6. أبقـت موضـوع الأسـرى لمعـايير اللجـان المشـتركة والجانـب الإسـرائيلي هـو مـن يقـرر مـن سـيتم إطـلاق سراحه.

7. نقـل الأسـرى مـن سـكان الضفـة الـى سـجون الـداخل يعتبـر ذلـك مخالفـة للقـوانين الدوليـة وأثقـالا علـى ذوي الأسـرى.

بعـد توقيـع اتفـاق أوسـلو عـام 1993م وحتـى عـام 2000م

ومـع انـدلاع انتفاضـة الأقصـى عـام 2000 وانتهـاء عمليـة السـلام ورغـم مسـاوئ اتفـاق اوسـلو الخاصـة بقضيـة الاسـرى أفـرج عمـا يقـارب 13 ألـف أسـير فلسـطيني مـن السـجون الإسـرائيلية ولـم يتبـق فـي السـجون الإسـرائيلية سـوى مـا يقـارب 1000 ألـف أسـير معظمهـم تـم إدانتهم بقتـل إسـرائيليين أو أسـرى القـدس أو الـداخل وهنـاك مـن تـم اعتقالـه مـن فصائـل المعارضـة بعـد عـام 1993م بسـبب قيـامهم بعمليـات عسـكرية بعـد توقيـع اتفـاق أوسـلو واغلـب الأسـرى الـذين تبقـوا كـان ينتمـون لحمـاس أو الجهـاد، أمـا أسـرى فتـح فكـانوا أقليـة ولـم يتبـق منهم سـوى مـن تـم إدانتهم بقتل إسـرائيليين.

8. الوسـاطة الأمريكيـة فـي عهـد أوبامـا عـام 2023م إسـرائيل أفرجـت عـن 80 أسـيراً مـن الأحكـام المؤبـدة عـام 2013- 2014م فـي إطـار الرعايـة الأمريكيـة للمفاوضـات والتـي اشـترطت عـودة الجانـب الفلسـطيني للتفـاوض مقابـل الإفـراج عـن أسـرى مـا قبـل أوسـلوا وتحـت ضغـط أمريكـي وافقـت إسـرائيل للتفـاوض لمـدة تسـع شـهور علـى أن يطلـق سـراح 104 أسـرى علـى أربـع دفعـات متتاليـة مرتبطـة باسـتمرار التفـاوض، وبقـي مـن الأسـرى مـا قبـل اتفـاق أوسـلوا فـي السـجون الإسـرائيلية حـوالي 25 أسـير معظمهـم مـن القـدس والـداخل المحتـل محكومين بالسـجن المؤبد.

الباب الثاني
الأسرى واتفاقيات جنيف الخاصة بالأسرى

نظمت اتفاقيات جنيف واتفاقية لاهاي مناهضة التعذيب الوضع القانوني للأسرى، وجاءت هذه الاتفاقيات لتجسد رغبة الأمم في إخضاع قضية الأسرى لقواعد إنسانية وأن أسرى الحرب ليسو مجرمين وإنما يتوجب التعامل معهم حسب القوانين الدولية واتفاقية جنيف، وقد عرفت اتفاقية جنيف في عام 1929م أسير الحرب أنه كل شخص من الدول المتحاربة يعتقل لا لجريمة ارتكبها وإنما لأسباب عسكريه، ويجب أن تتم معاملته من قبل الدولة التي تم أسره فيها بأساليب تخلو من العنف وسوء المعاملة وتمنحه كافة الحقوق التي نصت عليها اتفاقيات جنيف كافة.

لقد شرعت القوانين الدولية والاتفاقيات الدولية حق أي شعب يتعرض للاحتلال والاستعمار أن يقاوم هذا

الاحـــتلال بكافـــة الطـــرق المشـــروعة كافـــة. (منشـــورات جامعة القدس المفتوحة، الحركة الاسيرة، ص 241)

ورغـم توقيـع إسـرائيل علـى اتفاقيـات جنيـف واتفاقيـات لاهـاي واتفاقيـات مناهضـة التعـذيب إلا أن إسـرائيل كدولـة احـتلال لـم تلتـزم بتلك الاتفاقيـات ولـم تطبقهـا علـى الأسـرى الفلسـطينيين رغـم أن القـانون الـدولي يمنـح الحركـات الفلسـطينية ومنظمـة التحريـر كممثـل للشـعب الفلسـطيني شـرعية المقاومـة كنـزاع مسـلح ذات صفـه دوليـة، وبعـد توقيـع اتفـاق السـلام بـين إسـرائيل ومنظمـة التحريـر لـم تعتـرف إسـرائيل بمنظمـة التحريـر كدولـة ينطبـق عليهـا المواثيق الدولية واتفاقيات جنيف مختلفة.

<u>حقوق الأسرى حسب اتفاقيات جنييف</u>

تعتبـر المعاهـدات والمواثيـق الدوليـة ملزمـة لجميـع أطرافهـا وقـد أكـدت اتفاقيـات جنييـف علـى أهـم الحقـوق التـي يتوجـب التعامـل فيهـا مـع الأسـرى والأطـراف المتنازعـة وأهـم حقـوق الأسـرى أو الجنـود الـذين يتـم اعتقـالهم لـدى الأطـراف المتنازعة:(منشـورات جامعـة القدس المفتوحة، الحركة الاسيرة، ص 111)

أ. عـدم تعـذيب الأسـرى جسـمياً أو جسـدياً أو معنويـاً أو نفسياً.

ب. يمنـع ارتكـاب جـرائم بحـق الأسـرى وإعـدامهم بعـد اعتقالهم.

ت. يمنـح الأسـرى والجنـود الحقـوق التـي كفلتهـا لهـم المواثيـق الدوليـة كالرعايـة الطبيـة والتعليميـة الحقـوق الأخرى كافة.

ث. الاحتفاظ بزيهم العسكري وأعلى رتبة عسكرية يمثل الأسرى أمام الدولة الحاجزة.

ج. تقديم العلاج للأسرى المصابين.

ح. إبلاغ الجهات الدولية بأسماء الأسرى والصليب الأحمر.

خ. السماح بزيارة الأسرى.

د. عدم إخفاء أسماء الأسرى.

ذ. عدم محاكمتهم أمام محاكم عسكرية أو مدنية.

<u>الجهات التي تحظى بوصف أسرى حرب:</u>

تتناول المادة الرابعة لاتفاقية جنيف لعام 1940م الفئات التي تنطبق عليهم أوصاف أسرى الحرب وهم:

- أفراد القوات المسلحة لأحد أطراف النزاع.

- المليشيات أو الوحدات المتطوعة التي تشكل جزء من القوات المسلحة.

- الأشخاص الذين يرافقون القوات المسلحة كالمراسلين الحربيين ومتعهدي التموين والممرضين والأطباء.

- أفراد الأطقم الملاحية.

- سكان الأراضي المحتلة المتطوعين وغير العسكريين.

- أفراد الوحدات المتطوعة.

المقاومة الفلسطينية وعند الحديث عن الوضع القانوني لحركات التحرر ومن ضمنها منظمة التحرير الفلسطينية تعتبر هذه الحركات هي الحركات التي يعترف بها دولياً وينطبق عليها مصطلح أسرى الحرب، حيث الشروط الواجب توفرها في حركات المقاومة الفلسطينية متوافرة وتحظى بدعم القانون الدولي ويتوجب على

إسرائيل الالتزام بها وتنفيذها إلا أن إسرائيل لم تلتزم باتفاقيات جنيف وحماية المدنيين أثناء الحرب وفي حالة تناقض مع الأحكام الدولية وما زالت تتعامل وتصف أعمال المقاومة أعمال إرهابية وأعمال تخريبية، وأن منظمة التحرير ليست طرفاً في النزاع المسلح وأن اتفاقيات جنيف تلزم بنودها الدول وليس الحركات الثورية أو منظمة التحرير وذلك تخالف المواثيق الدولية واتفاقيات جنيف.

الفصل السادس

القوانين العنصرية بحق الأسرى في سجون الاحتلال

تم إقرار مجموعة من القوانين العنصرية بحق الأسرى ومصادقة الكنيست والحكومة الإسرائيلية للتضييق على الأسرى وعلى عائلاتهم وأبرز القوانين الذي تم سنها بحق الأسرى هي: (منشورات جامعة القدس المفتوحة، الحركة الاسيرة، ص 100)

1. قانون خصم الأموال التي تدفعها السلطة الوطنية لعائلات الأسرى، حيث تم إقرار قانون جزء من المستحقات المالية للسلطة عام 2018م، وتضمن القانون خصم مبالغ بما يوازي حجم المخصصات التي تدفع رواتب للأسرى والشهداء مما أدى إلى أزمة مالية في

رواتـب مـوظفي السـلطة وحولـت هـذه الأمـوال للـذين قـدموا دعـاوى التعويـض للعمليـات العسـكرية.

2. قـانون إلغـاء الإفـراج المبكـر: وهـو قـانون تـم إلغـاءه عـام 2018م، حيـث ألغـى القـانون أي إمكانيـة للإفـراج المبكـر عـن أي أسـير أو تخفيـض ثلـث المـدة (الشـليش)، وتـم تطبيـق القـانون ممـا حـرم مئـات الأسـرى مـن الإفـراج المبكر.

3. مشـروع قـانون حكـم الإعـدام: حيـث تـم المصادقـة عليـه بـالقراءة التمهيديـة عـام 2018م وينـص القـانون علـى إعـدام أسـرى فلسـطينيين بحجـة إدانـتهم بعمليـات قتـل فيهـا إسـرائيليون، علمـاً بـأن الاحـتلال قـد مـارس الإعـدام فعليـاً وميدانيـاً خـارج إطـار القـانون، حيـث أعـدم 250 منـذ عـام 2015م.

4. قـانون جلعـاد شـاليط: وتـم إقـراره عـام 2011م، حيـث منـع الأسـرى مـن التعلـيم وزيـارة الأهـالي وإدخـال الصـحف والكثيـر مـن الإنجـازات التـي حققتهـا الحركـة الأسـيرة، وفـي عـام 2014م تـم سـن قـانون إعـادة اعتقـال محـرري صـفقة شـاليط، حيـث أعتقـل 75 أسـير محـرر بعـد سـن القانون.

5. قانون عدم تمويل العلاج للجرحى والأسرى.

6. قانون التفتيش الجسدي والعاري للمعتقلين عام 2015م.

7. قانون منع الزيارات العائلية.

8. قانون احتجاز جثامين الشهداء.

9. قانون رفع الأحكام راشقي الحجارة.

10. قـانون تـامير: وهـو يـنص علـى شـهادة أسـير ضـد أسـير أخر يحاكم بمقتضاها الاسير الاخر

11. قـانون أردان: يـنص علـى تحديـد ظروف اعتقـال الاسـرى الفلسـطينين القـابعين فـي السـجون الاسـرائيلية: وقـد نـص القـانون علـى تقلـيص عـدد الزيـارات العائليـة للاسـرى للحد الادنى.

12. قـانون التغذيـة القسـرية: وهـو اجبـار الاسير علـى تنـاول الطعـام قصـراً، خـلال اضـرابه عـن الطعـام عـن طريـق الزونـدا، وقـد استشـهد نتيجـة ذلـك عـدد مـن الاسـرى، أبرزهم عبد القادر أبو الفحم

إسـرائيل تعاملـت مـع الأسـرى الفلسـطينيين منـذ عـام 1948م على الأسس التالية:

1. تعاملـت مـع الأسـرى حسـب قانونهـا الـداخلي وقوانينهـا الداخلية.

2. تعاملـت إسـرائيل مـع الأسـرى حسـب نظرتهـا الأمنيـة كدولة احتلال.

3. تعاملت مع الأسرى حسب محاكمها العسكرية.

4. لـم تتعامـل مـع الأسـرى حسـب القانـون الـدولي واتفاقيـات جنيـف ولـم تراعـي تطبيـق أحكـام اتفاقيـات جنيـف بشـكل عـام سـواء المتعلقـة بحمايـة الأسـرى وحمايـة المـدنيين وتعاملـت مـع الأسـرى علـى أنهـم مجـرمين وقتلـة، وليسـو مقاتلي حرية.

الفصل السابع
الأسرى بعد السابع من أكتوبر

زادت وتيرة التعذيب والضرب والاهمال الطبي بحق الأسرى مما تسبب باستشهاد العديد من الأسرى حيث بلغ عدد الاسرى الذين استشهدوا داخل السجون وتم الاعلان عنهم أكثر من 40 شهيد حتى أكتوبر 2024، وهو أكبر عدد من الشهداء يسقط في هذه الفترة مقارنه في جميع مراحل الحركة الأسيرة، وقد بلغ مجمل شهداء الحركة الأسيرة حتى أكتوبر 2024 (277) شهيد.

هناك شهادات من بعض المنظمات الدولية المتابعة لقضية الاسرى والأسيرات داخل السجون أفادت عن

وجـود حـالات اعتـداء ومحاولـة اغتصاب وتحرش جنسي بالأسـرى والأسـيرات، إضافة لاسـتخدام الكـلاب وعـزل الأسـرى فـي زنـازين تحـت الأرض وعـدم الكشـف عـن أسـمائهم، ومـؤخرا فـي شـهر اكتـوبر 2024 تـم اقتحـام قسم الاسـيرات وتـم مصادرة ملابسـهن وأجبـارهن علـى خلـع الحجـاب واسـتبدال الملابـس بملابـس خاصـة بمصـلحة السـجون بالاضـافة الـى سياسـة التفتـيش العـاري والمـذل للأسـرى والأسـيرات فـي سـجون الاحـتلال مـع تصـاعد الاقتحامـات الليليـة لأقسـام السـجون، ومنـع زيـارة المحـامين والصـليب الأحمـر. (هيئـة شـؤون الاسـرى، (2024

وبعـد السـابع مـن اكتـوبر تـم افتتاح سجن سديه تيمان الـذي مـورس فـي داخلـه أبشـع الجـرائم بحـق الاسـرى لمعتقلـي غـزة، حيـث تـم احتجـاز الاسـرى فـي ظـروف قاسـية جـدا مـع الاهمـال الطبـي، التعـذيب، الشـبح المتواصـل، ممـا أدى الـى كثير مـن الاسـرى لـم يتم التعرف علـى اعـدادهم واسـمائهم لغايـة الان، وهنـاك تقـارير تفيـد بأستشـهاد عشـرات أو المئـات داخـل ذلـك السـجن، رغـم الانتقـادات الدوليـة لـم تلتـزم اسـرائيل بالمعـايير الدوليـة والقانونية لحماية الاسرى.

كمـا أشـارت شـهادات بعـض الاسـرى الـذين تـم إطـلاق سـراحهم الـى انتشـار أمـراض الجـرب (السـكابيوس) بـين الاسـرى وهنـاك أسـرى أستشـهدوا خـلال اسـتخدام سياسـة الشـبح، كمـا تـم أعتقـال النسـاء الحوامـل وكبـار السـن والاطفـال، ولـم يـتم ابـلاغ الجهـات القانونيـة والدوليـة

بأسماء الاسرى أو أعداد الشهداء داخل ذلك المعتقل، وقد مارست مصلحة السجون العديد من الاساليب بحق الاسرى بعد السابع من اكتوبر. (هيئة شؤون الاسرى، 2024)

<u>وأبرز تلك الاساليب:</u>

- نقل وعزل العديد من قيادات الحركة الأسيرة والاعتداء الوحشي عليهم.

- منع تقديم الأدوية واجراء العمليات للاسرى المرضى في سجون الاحتلال.

- اعتقال الأمهات كوسيلة ضغط على أبنائهن لتسليم أنفسهم.

- وخلال هذه المرحلة وحسب ما كشفته صحيفة هارتس الإسرائيلية بوجود عشرات الوفيات بين الأسرى من قطاع غزة نتيجة التعذيب والإهمال الطبي وسوء التغذية.

- هناك شهادات من أسرى تحرروا من السجون أفادوا بتحول السجون الى ظروف سجن أبو غريب وغوانتاناموا وإنها تصلح للحياة الآدمية وأصبحت مقبرة الأحياء.

- محاولة اغتيال العديد من الاسرى والقيادات داخل السجون والاعتداء عليهم وعزلهم عن العالم الخارجي، ومصادرة كافة مقتنياتهم، وعدم تقديم الطعام الكافي لهم وما يقدم لابقاء الاسرى على قيد الحياة، والامتناع عن تقديم العلاج لهم، مما تسبب في وفاة العديد منهم.

- وفــي رســالة مســربة مــن الاسـرى فـي سـجن جلبـوع، أظهــرت الظــروف القاسـية التـي يعيشـونها حيـث كتبهـا الاسرى والتي نصت:

" الوضــع العــام فـي سـجن جلبـوع أقـل مـا يمكـن أن يقـال عنـه انـه مسـلخ فمنـذ السـابع مـن أكتـوبر ونحـن نناشـد ونستصـرخ وكلنـا أمـل بالحريـة ورغـم مـا يحصـل كنـا دائمـا نقـول بـأن المعنويـات تنـاطح السـحاب ولـن يكسـروا عزيمتنـا، الـى أن وصلنـا الـى شـهر 10- 2024. فقـد طفـح الكيـل وقـد عـاد الوضـع أسـوء مـن أول الحـرب، فكـل مـا عايشـناه طـوال هـذه السـنة لا يسـاوي شـيئاً أمـام مـا يحـدث الان، فـلا يوجـد لـدينا طعـام ولا مـاء ولا عـلاج ولا صـلاة ولا نـوم ولا لبـاس ولا فـورة ولا حلاقـة ولا حمـام ولا حيـاه أدميـة، نتعـرض للضـرب علـى مـدار السـاعة والضـرب المبـرح المـؤذي المميـت بشـكل هسـتيري، رائحـة الـدماء تفـوح مـن كـل السـجن فـي الغـرف وفـي الفـراش، أصبـحنا نتمنـى المـوت بكـل لحظـة، لـم يعـد هنـاك طاقـة للتحمـل، جميعنـا دون إسـتثناء، وهنـاك أمـور نخجـل أن نوصـلها لكم ".

وأشــار أحـد المحـامين نقـلا عـن أحـد الأسـرى فـي سـجن نفحـة واوضـاعهم، كمـا أكـد المحـامي نقـلا عـن الاسـير عـن سـوء كميـة الطعـام المقدمـه للاسـرى، وسـوء الرعايـة الطبيـه، وانتشـار الأمـراض الجلديـه بشـكل كبيـر بـين الاسـرى، وانـه لا يسـمح للاسـرى سـوى الاسـتحمام مـره واحـده بالاسـبوع، وانعـدام مـواد التنظيـف والصـابون،

وعدم وجود اغطيه كافيه وتم مصادرة ملابسهم الشتويه، ولا يوجد ملابس لاستبدال ملابسهم.

وأن الاسرى لسد جوعهم يصومون جميع الأيام لعدم وجود طعام، وأن كمية الطعام ضئيلة جدا، ومنعتهم الاداره من تناول اي مشروبات، كالشاي والقهوه، وسحب منهم الدخان منذ بداية الحرب.

<u>ويمكن ذكر أهم مميزات مرحلة ما بعد السابع من اكتوبر بما يلي:</u>

1. ازدياد وتيرة الشهداء بالسجون بطريقه غير مسبوقه، حيث وصل عدد الشهداء إلى (43) شهيدا، وهو العدد الأكبر منذ عام 1967

2. ازدياد عدد المعتقلين حيث تجاوز عدد المعتقلين إحدى عشر ألف أسير.

3. وسائل التعذيب الغير مسبوقه، والتحرش الجنسي والاغتصاب، واستخدام الكلاب، والتعذيب الجسدي والنفسي، واعتقال عائلات المطلوبين للضغط عليهم.

4. مصادرة كافة إنجازات الحركه الاسيره

5. افتتاح سجن سديه تيمان لاسرى غزه، وارتكاب جرائم حرب بحقهم، وأساليب مخالفه للقانون الدولي واتفاقيات جنيف.

6. عدم الكشف عن أسماء الاسرى والشهداء وعدم إبلاغ الجهات الرسميه باي معلومات عن أسرى غزه، والتعذيب حتى الموت لكثير من الاسرى، واعدام آخرين.

في يـوم الطفـل العالـمي الـذي يصـادف 20 نـوفمبر مـن كـل عـام، ان هيئــة الاسـرى ونـادي الاسـير يستعرضـان واقع الاسرى الاطفال في ومن الابادة.

قالـت هيئــة شـؤون الاسـرى والمحـررين ونـادي الاسـير الفسـطيني، إن الاطفــال الفلسـطينيين يواجهـون مرحلـة هـي الاكثـر دمويـة بحقهـم في تـاريخ قضيتنـا، مـع استمرار حـرب الابـادة وعمليـات المحـو الممنهجـة، والتـي أدت الـى استشـهاد الالاف مـنهم، الـى جانـب آلاف الجرحـى والآلآف ممـن فقـدوا افـرادا مـن عـائلاتهم أو عـائلاتهم بشكل كامل.

وأضــافت الهيئــة والنـادي، فــي تقريـر صـدر خـاص بمناسبـة يـوم الطفـل العالـمي الـذي يصـادف 20 نـوفمبر – تشـرين الثـاني مـن كـل عـام، ان مسـتوى التـوحش الـذي يمارسـه الاحـتلال بحـق اطفالنـا، يشـكل أحـد أبـرز اهـداف حـرب الابـادة المسـتمرة منـذ اكثر مـن 400 يـوم، لتشـكل هـذه المرحلـة مـن التـوحش، امتـداد لسياسة اسـتهداف الاطفـال الـذي يمارسـها الاحـتلال منـذ عقـود طويلـة، الا ان المتغير اليوم، هو مستوى وكثافة الجرائم الراهنة.

وعلــى صـعيد قضيـة الاطفـال الاسـرى التـي شـهدت تحـولات هائلـة منـذ بـدء حـرب الابـادة، وتصـاعد حمـلات الاعتقـالات بحقهـم، سـواء بالضـفة الغربيـة التـي سـجل فيها مـا لا يقـل (770) حالـة اعتقـال بـين صفـوف الاطفـال، اضافة الـى اطفال مـن غـزة لـم تتمكن المؤسسـات مـن معرفـة أعـدادهم فـي ضـوء استمرار جريمـة الاخفاء القسري.

ويواصـل الاحـتلال اليـوم اعتقـال مـا لا يقـل عـن (270) طفـلاً يقبعـون بشـكل أساسـي فـي سـجني (عـوفر، مجدو) الـى جانـب المعسـكرات التابعـة لجيـش الاحـتلال، ومنهـا معسـكرات استحدثها الاحـتلال بعـد الحـرب مـع تصاعـد عمليات الاعتقال التي طالت الاف المواطنين.

وعلـى مـدار اكثـر مـن (400) يـوم علـى حـرب الابـادة، تمكنـت الطـواقم القانونيـة مـن تنفيـذ زيـارات للعديـد مـن الاطفـال الاسـرى فـي سـجني (عـوفر، ومجدو) رغـم القيـود المشـددة التـي تجـري فيهـا الزيـارات، وخلالهـا تـم جمـع عشـرات الافـادات مـن الاطفـال التـي عكسـت مسـتوى التـوحش الـذي يمـارس بحقهـم، فقـد نفـذت بحقهـم، جرائـم تعـذيب ممنهجـة، وعمليـات سـلب ـ غيـر مسـبوقة، واستنادا للمتابعة التي جرت على مدار تلك الفترة.

<u>شـهداء الحركـة الاسـيرة مـا بعـد السـابع مـن اكتـوبر: نتجـة التعـذيب والاعتـداء علـيهم بالضـرب المبـرح ومنـع تقـديم العلاج الطبي.</u>

- الشهيد عمر دراغمة
- الشهيد عرفات حمدان
- الشهيد ماجد زقول
- الشهيد عبد الرحمن مرعي
- الشهيد ثائر ابو عصب
- الشهيد عبد الرحمن البحش
- الشهيد محمد أحمد الصبار
- الشهيد محمد ابو سنينة

- الشهيد خالد الشاويش
- الشهيد عز الدين البنا
- الشهيد عاصف الرفاعي
- الشهيد أحمد قديح
- الشهيد جمعة أبو غنيمة
- الشهيد وليد دقة
- الشهيد سميح عليوي
- الشهيد مصطفى أبوعره
- أنور أبو سليم

مسرد المصطلحات

ـ الحركة الوطنية الأسيرة: هي مجتمع الأسرى والأسيرات الذين عايشوا تجربة الأسر يضاف إلى ذلك التجارب النضالية التي خاضها الأسرى وتراثهم وتاريخهم، وُيعد مجموع الأسرى والأسيرات والأطفال الفلسطينيين الذين تعرضوا للاعتقال منذ بداية الاحتلال الإسرائيلي عام 1948م، مروراً باحتلال الضفة الغربية وقطاع غزة عام 1967م إلى الآن وكل من مر بهذه التجربة سواء في السجون والمعتقلات من ضمن الحركة الوطنية الأسيرة.

ـ الأسير الفلسطيني: هو المواطن الذي اعتقلته سلطات الاحتلال الإسرائيلي بسبب مقاومته للاحتلال على خلفية سياسية، أو تنظيمية، أو أمنية، أو عسكرية، ومنهم من اعتقلته أجهزة الأمن والجيش الإسرائيلي ضمن ملف سري ودون لائحة اتهام لتخوفات أو مبررات أمنية واهية كالمعتقل الإداري، والأسير الفلسطيني أو العربي هو كل من يقبع في سجون الاحتلال الإسرائيلي على خلفية مشاركته في النضال ضد الاحتلال.

ـ الاعتقال الإداري: هو اعتقال تعسفي بدون تهمه أو لائحة اتهام أو محاكمة ويعتمد على ملف سري وأدلة سرية لا يمكن للمعتقل أو محاميه الاطلاع عليها، وتمت المصادقة على الاعتقال الإداري في قانون سلطات الطوارئ في الكنيست في العام(1979م)، ويمكن حسب الأوامر العسكرية تجديد أمر الاعتقال الإداري مرات غير محدودة، ويعد الاعتقال الإداري عقابا جماعيا محظورا في القانون الدولي، واستمر الاحتلال في إصدار هذا الاعتقال بحق شرائح مختلفة من المجتمع الفلسطيني، واستهدف كل الشرائح" نشطاء حقوق إنسان، عمال، طلبة جامعيين محامين أمهات معتقلين وتجار ... الخ.

ـ الإقامة الجبرية: هو حجز الشخص كإجراء وقائي، ويتم بتقييد حرية وحركة من يفرج عنهم من السجون، وحظر تنقلهم من مكان إلى آخر، وقد تقتصر على تواجده في البيت أو في القرية مع إجباره على الالتزام بالتواجد في البيت ليلاً، وعدم نشر أخبار أو أراء،

ويفرض عليه التوقيع ثلاث مرات يومياً في سجل أحد مراكز شرطة اللواء الإسرائيلية.

ـ الاعتقال الاحترازي: هو اعتقال الشخص كإجراء وقائي وقبل مناسبة أو حدث معين يتوقع القائد العسكري أن يقوم الشخص بممارسة يشكل خطراً على أمن المنطقة أو الدولة، فبموجب توصية من جهاز الأمن العام، ويتم تنفيذ الاعتقال بمذكرة حضور ولكن معظم الحالات كانت تتم بمداهمة منزل الشخص واعتقاله، لمدة تتراوح من 7 - 10 أيام ورثت سلطات الاحتلال هذا الأسلوب عن قوانين سلطات الانتداب البريطاني وتم تشريع كثير من الإجراءات وفق الأمر العسكري 378 الذي صدر في نيسان 1970 م.

ـ سفراء الحرية:.وهو مصطلح أطلقه الأسرى على النطف المهربة من داخل السجون.

واصل الأسرى الفلسطينيين تحديهم الإنساني للسجان وحب الحياة وحكم المؤبد واستمروا بتحدي السجان بأسلوب نضالي مختلف حيث استخدموا تهريب النطف المنوية للخارج لإنجاب الأطفال التي تحمل اسم سفراء الحرية، وكان أو أسير فلسطيني استخدم هذه الطريقة الأسير(عمار الزبن) المحكوم بالسجن المؤبد، تمكن من تهريب النطف للخارج وإنجاب الابن الأول له ليشكل دافعاً للأسرى الأخريين للإقدام على نفس الخطوة وحتى عام 2018م بلغ عدد الأطفال عن طريق النطف المهربة (67) طفل واطلق عليهم سفراء الحرية وقد ساهمت

وزارة الصحة وهيئة شؤون الأسرى وبعض المشافي الخاصة بدعم الأسرى وتمويل نفقات الإنجاب.

ورغم ذلك حاربت مصلحة السجون هذه الإستراتيجية وحاولت منعها بكل الأساليب والطرق ومنعت الأطفال من الدخول لزيارة أباءهم داخل السجون كوسيلة عقابية للأسير، واعتبرت ذلك نصراً لنضال الأسرى وإرادتهم.

ـ نواب المجلس التشريعي: مارست سلطات الاحتلال سياسة ملاحقة النشطاء والسياسيين المثقفين لمنعهم من أداء دورهم الطبيعي في توعية المجتمع والعمل على تماسكه والمساهمة في خوضهم النضال التحرري وقد تجلى ذلك في اعتقال أعضاء المجلس التشريعي عام 1996م وقد أعتقل مروان البرغوثي كأول نائب للمجلس التشريعي عام 2004 ومن ثم حكم عليه بالسجن المؤبد 5 مرات ومن ثم تم اعتقال النائب أحمد سعدات، وفي عام 2006 وبعد انتخابات المجلس التشريعي أعتقل قرابة 70 نائباً للمجلس التشريعي الفلسطيني مما عرقل سير العمل في وقد أعتقل رئيس المجلس التشريعي (عزيز دويك) وحكم بالسجن لمدة عام رغم أن القانون الدولي يمنع اعتقال القادة السياسيين ويحرم ذلك بصفتهم ممثلين للشعب، وكان اعتقال أخر نواب التشريعي النائب (جمال حويل) في حزيران عام 2024م، وقد صدر بحق أغلبهم الاعتقال

الإداري دون تقديم لائحة إتهام ضدهم وحتى عام 2018م كان عدد أعضاء المجلس التشريعي 8 نواب معتقلين.

ـ أسرى ما قبل أوسلو: وهو مصطلح أطلق على الأسرى الذين رفضت إسرائيل إطلاق سراحهم بعد توقيع اتفاق أوسلو وكان عدد الأسرى قبل صفقة وفاء الأحرار ما يقارب 350 أسير، وبعد صفقة وفاء الأحرار بقي منهم 104 أسرى تم الإفراج عن 80 أسير في الوساطة الأمريكية عام 2013م على ثلاث دفعات وبقي منهم الآن 25 أسير أمضوا جميعاً أكثر من 30 عاماً معظمهم تم إدانته بقتل إسرائيليين ومن القدس والداخل، وأقدم أسير فلسطيني حالياً (محمد الطوس) من منطقة الخليل ـ محكوم بالسجن المؤبد وأمضى لغاية الآن 38 عام.

ـ يوم الاسير الفلسطيني:.يوم وطني تم أقراره بالسابع عشر من نيسان عام 1974 من قبل المجلس الوطني الفلسطيني، تكريما للاسرى ووفاءا لهم.

ـ حكم المؤبد: هو أقصى حكم يصدر بحق الاسرى وهو حكم مدى الحياة، ويعتبر الاسير كريم يونس أطول مدة امضاها داخل السجون، حيث أمضى ارعون عام داخل السجون بعد ان حكم بالسجن المؤبد.

ـ الشباص: وهو مسمى وحدة مصلحة السجون الإسرائيلية التي تشرف على السجون الإسرائيلية.

ـ الاسفراه: هي كلمة عبرية تعني العدد التفقدي للأسرى بشكل يومي ثلاث مرات أو يزيد.

ـ الأسـرى المرضـى: واصلـت مصـلحة السـجون سياسـة الإهمـال الطبـي بحـق الأسـرى متجـاوز بـذلك اتفاقيـات جنييـف والمواثيـق الدوليـة التـي تلـزم الاحـتلال تقـديم العـلاج الطبـي للأسـرى وتخفيـف معانـاتهم وتعمـل على متابعـة حـالتهم الصحية وتتمثـل سياسـة الإهمـال الطبـي عـدم إجـراء العمليـات الجراحيـة اللازمـة وتـرك الأسـرى عرضةً لفـك الأمـراض ويقتصـر تقـديم حبـة الأكامـول مـن قبـل الممـرض وكافـة المرضـى، وتعتبـر حبـة الأكامـول السحرية داخـل السـجون، ويبلـغ عـدد الأسـرى المرضـى في السـجون 1800 أسير مصابين بـأمراض مختلفـة ومنهـا : السـرطان، وأمـراض القلـب، مـع انتشـار الأمـراض الجلديـة وغيرهـا مـن الأمـراض الأخـرى، ويبلـغ عـدد الحـالات المرضـية الخطيـرة 150 حالـه، مـنهم 18 أسير مقيمـون فـي مستشـفى الرملـة الـذي يسـمى مسلخ الرملـة، وبلـغ عـدد شـهداء الحركـة الأسـيرة نتيجـة الإهمـال الطبـي أكثـر مـن 100 أسـير. (موسـوعة تجـارب الاسـرى الفلسطينيين والعرب، الجزء الثاني، ص *42*)

ـ حبراحاه: عملية التخطيط للهرب من داخل السجون.

ـ سـجاف:هو مصـطلح علـى الأسـرى الخطيـرين وحـالوا تنفيذ عمليات هروب.

ـ الموجـه العـام: هـو أعلـى سـلطة تنظيمـة داخـل السـجن لـدى حركـة فـتح وهـو القائـد العـام للحركـة والنـاطق الرسمي بأسمها.

ـ الجلسة: هي الساعة المخصصة للاستماع لمحاضرة يومية، منها الثقافي والاداري والتعبوي، لزيادة الوعي لدى الاسرى.

ـ كراس: عبارة عن دفتر يحتوي على مادة ثقافية محددة ما بين الفكر والمعرفة والثقافة وتجارب الاسرى.

ـ الملف الامني: مجموعة من معلومات والملحوظات الامنية، يتم جمعها من قبل الجهاز الامني الثوري داخل السجن حول أسرى مشتبه بهم بالتعامل مع الاحتلال.

ـ ممثل معتقل: وهو الاسير الذي يمثل الاسرى أمام مصلحة السجون ويقدم مطالبهم، ويتم أختياره من قبل الاسرى جميعا، ويجب أن يتلى بالسمعة الطيبة والنقاء الامني.

ـ الكبسولة: ورقة خفيفة الوزن والملمس، يتم كتابة معلومات تنظيمية، ويتم نقل تلك الكبسولة الى السجون الاخرى كرسالة من سجن الى أخر.

ـ التعميم: الورقة التي تكتب عليها الارشادات للاسرى بشكل يومي، والتوجيهات من قبل الاجهزة التنظيمية، وتقرأ على مسامع الاسرى جميعاً.

إحصائيات وأرقام

- أول اسير فلسطيني: محمود بكر حجازي
- أول شهيد للحركة الاسيرة: عبد القادر أبو الفهد
- أقدم أسير فلسطيني حاليا: محمد الطوس

- أكثر أسير أمضى حكما داخل السجون: الاسير كريم يونس وماهر يونس
- يوم الاسير الفلسطيني: 14 نيسان 1974
- عدد شهداء الحركة الاسيره لتاريخه 280 شهيد
- عدد الاسرى المحكومين بالسجن المؤبد من 500 ل 600 أسير
- عدد الاسرى الذين تم اعتقالهم منذ عام 1967 يقدر من مليون الى مليون ومائتان ألف أسير
- عدد الاسرى في السجون حاليا 10200 ألف اسير
- عدد الاسرى الذين تم اعتقالهم منذ السابع من أكتوبر تجاوز 11000 ألف أسير
- عدد الاسيرات حاليا حتى تاريخه (97) أسيرة
- عدد الاسرى الاطفال حتى تاريخه (270) طفل
- عدد الاسرى الذين أستشهدوا بعد السابع من أكتوبر 2023 (43) شهيد
- عدد الاسرى المعتقلين اداريا (3440) اسير من بينهم (31) أمرأة و (100) طفل
- أول اضراب استراتيجي منظم اضراب سجن عسقلان عام (1970)
- أطول اضراب خاضته الحركة الاسيرة، اضراب سجن عسقلان استمر (45) يوم
- ثاني اطول اضراب خاضته الحركة الاسيرة، اضراب عام 2017 واستمر (42) يوم

- انجـــح اضـــراب خاضـــته الحركـــة الاسيرة اضـــراب ايلـــول عـــام 1992 وأســتمر (22) يـــوم وحققـت فيــه الحركـــة الاسيـــرة معظم المطالب

- أول اسيرة فلسطينية: فاطمة البرناوي

- أشهر سجون النساء: الدامون، هشارون، نفي ترتسا

- أول اســير ينهـــي رســالة الـــدكتوراه داخــل الســجون، الاسير مروان البرغوثي

- أقصـــى الاحكـــام الـــذي صـــدر بحـــق أسير وهـــو (66) مؤبـــد بحق الاسير عبد الله البرغوثي

- الســـماح للاسرى للحصـــول علـــى شـــهادة الثانويـــة العامـــة عام 1974

- الســـماح للاسرى للحصـــول علـــى شـــهادة البكـــالوريوس فـــي الجامعات العبرية عام 1992.

- أول شـــهيد نتيجـــة اســتخدام اسـلوب الهـــز العنيـــف علـــى الكرسي المتحرك، عبد الصمد حريزات.

- أول اســير يحصـــل علـــى أهـــم جـــائزة عربيـــة (جـــائزة البـــوكر) باسم الخندقجي عن روايته (لون السماء)

<u>مراجع الكتاب:</u>

- الـــبطش، جهـــاد شـــعبان. (2019). الأسـرى الفلسـطينيون فـي السجون الإسرائيلية، منشــورات جامعـة القـدس المفتوحة.

- الـدمياطي، ناديـة السـيد. (2011). الانتهاكـات المعاصـرة لحقوق الطفل الأسير، بحث منشور فـي المؤتمر العلمـي

حـول حقـوق الطفـل العربـي، جامعـة نـايف للعلـوم الأمنيـة، الرياض.

- دراغمـه، بسـمه سـعيد صـالح. (2017). الآثـار الاجتماعيـة والنفسية لتجربـة الاعتقـال علـى أسـر الأسـيرات الفلسـطينيات المحـررات فـي محافظـات شمـال الضـفة الغربيـة، رسـالة ماجسـتير غيـر منشـوره، كليـة الدراسـات العليا، جامعة النجاح الوطنية.

- الرجـوب، جبريـل. زنزانـة 704 ، تجربـة أسـرى الثـورة الفلسطينية .

- شـبيطة، زردة حسـن. (2016) . المشـكلات الاجتماعيـة للأطفـال الأسـرى المحـررين مـن السـجون الإسـرائيلية، مجلـة كليـة الخدمـة الاجتماعيـة للدراسـات والبحـوث الاجتماعية.

- فراونـة، عبـد الناصـر. الاسـرى الفلسـطينيون آلام وآمـال، جامعة الدول العربية، القاهرة،2011م.

- قاسـم، عبـد الستار وآخـرون. (1986). التجربـة الاعتقاليـة فـي المعـتقلات الصـهيونية، ط1، قسـم العلـوم السياسـية، جامعة النجاح الوطنية.

- قراقع، عيسى. الجزيرة نت ، 2015/11/15.

- نـادي الاسـير الفلسـطيني، نشـرة عـن سـجن هـداريم، رام الله، 2015م.

- هيئة شؤون الاسرى والمحررين، مجموعة تقارير.

فهرس المحتويات